U0463575

拈花微笑菩萨

刘庆杨　临摹

西夏时期昌马石窟彩绘壁画，菩萨露齿殊为难得。

癸卯秋日，刘庆杨谨记

碧岩录 今释

关于 100 则公案

胡赳赳 评弹 ｜ 赵野 唱词

团结出版社

不立文字，不离文字

前言

胡赳赳

2023 年 9 月 2 日

"碧岩"之名，取方丈室匾上二字。宋僧圆悟克勤，宣说百条公案，于碧岩室下。碧岩所在，即湖南澧州夹山灵泉院。此是宋徽宗政和（1111–1118年）之初，克勤禅师应张商英居士之请，于此唱和。

此百条公案，原由宋僧雪窦重显拈出，称为《颂古百则》。禅家无人不读，然而论玄者亦知音少矣。克勤禅师遂再作发明，以揭"不立文字，不离文字"之旨。《碧岩录》乃大盛。

未料学人偏颇，坠于文字障，《碧岩录》几成套路之学。原为天人门径，后成欺瞒法要。克勤高徒宗杲深悔于此，一把火尽烧《碧岩录》刊本。及至元代延祐年间，复又流行。

不立文字者为体，不离文字者为用。体用不二，此正是禅家玄要。历代参《碧岩录》而获觉悟者，不计其数。焚书者，证得体大。续书者，证得用大。全体大用，俱在一念之间；明心见性，岂为有无所限。故元代三教老人所言正是："圆悟（克勤）顾子念孙之心多，故重拈雪窦颂；大慧（宗杲）救焚拯溺之心多，故立毁《碧岩集》。"又言："圆悟之心，释氏说经之心也；大慧之心，释氏讳说之心也。"

法流日久，其蔽丛生。今人读《碧岩录》，如坠云雾，颇畏烦难。故又得作一梳理，方称至善。雪窦之颂、克勤之唱，原为津要，后人又迷，遂成此无头公案。当得无头之时，便得行安头之实。故莫以头上安头罪之。

今之汉语诗人赵野，发愿为碧岩录作一百首唱和之诗。遂邀同道胡赳赳任意为文。此一写作计划，于新冠大疫两年中结出盛果。碧岩遗珠，再度光华。二人之勘验，俱非常人手眼。故能言近旨远，指东打西。然此勘验，又非二人之力，实乃自天所出，由天所启。故二人遥相慨叹"天亦言哉"。

禅焰由唐盛、至宋而渐迷离。幸有《碧岩录》托举，留此文字一脉照示，不可谓不明智。故识家公认，《碧岩录》为"禅门第一书"。圆悟克勤有语"茶禅一味"，更是流传于东瀛，启迪日本茶道之开创。

教有内外，禅无内外。居士论禅，茶人论禅，亦是智慧果海之优游。今之《碧岩录今释》，尽去圆悟克勤、雪窦重显之言诠，而又旁击二人之实在。须知：

离相则见性，然而性在相中，又不可须臾离也。所离非离，所言非言，所证非证，此或能启发一二学人，足矣。

现当代之前辈者，致力于《碧岩录》之阐决，尚有胡兰成《禅是一枝花》。此是其以儒家礼乐精神，观照禅门心要之一段佳话，儒禅互济，浪花飞奔。尤不可以野狐禅视之，然亦不可以之为法正。

今释即出，谤誉亦随。则罪之在我不在法，智之在法不在我。满纸所言，亦是烟云，不必当真。

目
录

051
雪峰归庵
212 - 217

052
赵州石桥
218 - 221

053
百丈野鸭
222 - 225

054
云门展手
226 - 229

055
道吾不道
230 - 233

056
钦山一镞
234 - 239

057
赵州不择
240 - 243

058
赵州分疏
244 - 247

059
赵州无难
248 - 251

060
云门拄杖
252 - 255

061
风穴一尘
256 - 259

062
云门一宝
260 - 263

063
南泉斩猫
264 - 267

064
赵州草鞋
268 - 271

065
外道良马
272 - 275

066
岩头收剑
276 - 279

067
大士讲经
280 - 283

068
仰山大笑
284 - 287

069
南泉圆相
288 - 291

070
沩山请道
292 - 295

071
五峰并却
296 - 299

072
云岩有末
300 - 303

073
马祖白黑
304 - 307

074
金牛饭桶
308 - 311

075
乌臼屈棒
312 - 317

原典 举梁武帝问达摩大师：如何是圣谛第一义？磨云：廓然无圣。帝曰：对朕者谁？磨云：不识。帝不契，达摩遂渡江至魏。帝后举问志公，志公云：陛下还识此人否？帝云：不识。志公云：此是观音大士，传佛心印。帝悔，遂遣使去请，志公云：莫道陛下发使去取，阖国人去，他亦不回。

0 0 1

达摩廓然

梁武帝意追究竟，达摩老实作答。梁武帝问，这个元方程式如何解？达摩说：无解。无解即是解。梁武帝不悦，你谁呀？达摩道：爱谁谁。管我是谁。我也不晓得我是谁。我要晓得了我是谁，我还活着作甚。管你是天王老子，我不知道我是谁，这是老实话，奈我何。

话不投机，买卖没法做，货不了帝王家。也可以说，梁武帝境界未到得渡时。达摩遂渡江北上，至后魏国。

报应来了，宝志和尚问帝：知道他谁吗？帝答：不识。须知，达摩答不识是彻语。帝答不识是未彻语。那叫你认识认识，达摩是传佛心印的观音大士。请都请不回来。

这是个独幕剧，三个角色，八九句话。颇快意恩仇。刻画了帝王的骄傲自大，以及禅者的倨傲决绝。这里没有恭敬，一句对朕者谁，威淫扑面而来。这里没有媚骨，一句不识，充满威严自尊。

然而禅者毕竟悲悯心重，句句回答，皆斩断思维意识。如何是圣谛第一义？想多了，没有圣，哪有圣谛，哪有圣谛第一义。所以这个问题不存在，作意弄想，头上安头，只是被大脑这个思维工具玩弄。对朕者谁？

不识、不要识、不要寻思认识。不要发问。不要起思维。

惜乎梁武帝听不懂。两次否定，皆是对境心莫起之提点。

惜乎梁武帝不识。

　　幸好不识。中国自此有了禅宗，楞伽之法大兴。

雨后

雨后的苍山万法流布
云中惊现这碧岩，当求一喝

鸟闻声相悦，衔来满纸话头
落花乱坠牵动成毁天气

那么，如何是写作的最高法则
一卷书成帝国轰然崩塌

东方起嘉气，他奔赴娑婆地
甫开口道路就长满荆棘

谁识得这语法谁就识得真心
我其实在乎手指超过月亮

世界有大神秘成其所是
凡不可言说者，皆以诗说之

原典　举赵州示众云："至道无难，唯嫌拣择。才有语言，是拣择，是明白？老僧不在明白里。是汝还护惜也无？"时有僧问："既不在明白里，护惜个什么？"州云："我亦不知。"僧云："和尚既不知，为什么却道不在明白里？"州云："问事即得，礼拜了退。"

赵州至道

举，举例之意。这天赵州和尚上堂开示，引用了三祖僧璨大师《信心铭》中的开头语。《信心铭》云："至道无难，唯嫌拣择。但莫憎爱，洞然明白。"

何谓拣择，思量便是。有思量便有分别心，起分别则有憎爱。不思量则与万物是整体，一思量便与万物走向分离、进入局部。然而，大脑不正是个思量的工具吗？若不思量，岂非愚人？

有思量便有语言，因此赵州和尚问，才有语言，是拣择，是明白？他自问自答，老僧不在明白里。这正通"言语断道"之理，动念即乖，出言即错。明白是整体、是本体、是形而上；拣择是局部、是现象、是形而下。老僧当然不在明白里。老僧当然又在明白里。老僧是薛定谔的猫。非在、非非在。破拣择，则在明白里；已言语，则不在明白里。这正是禅宗的迷人之处啊，与心爱的人关系暧昧，一切却又未挑明。

接下来是和尚与僧众的斗法。赵州和尚说，我还未至明白彻境，你们在好好护惜自己的心吗？僧反手就是一刀："既然不在明彻里，那护惜个什么。"赵州呆如木鸡，全不抵抗："我也不知道啊。"僧又补一刀："你既然不知道，为什么却知道自己不在明彻中。"赵州再次如木鸡，全不抵抗："说完了也回答完了，下课。"

好险，赵州如出语相接，则落语言、实拣择，那岂不是打自己的脸？幸好他并不起心动念，焊死思维的火花，不接招也就全无破绽。

天下人皆说赵州禅风"平常心是道"，于此可窥其貌。我更愿意用四字描述：不动机心。看起来这场打斗，僧的招式很精彩、手段很高明、姿势很好看，尘埃落定之前，一直占着上风。然而，一旦停止，才发现自己句句拣择、招招受制于赵州和尚。僧的状态是"起舞弄清影，何似在人间"。赵州和尚的状态是"在每一个不曾起舞的日子里"。谁更曼妙？

这分明是一场武戏。二人，五次出拳。僧倒地，为自己的力量所击。

看得我大汗淋漓。

半世已然，皆不在明白里

流水过刀锋何曾飞去

半
世

心上一杆秤，只秤虚空

山河岁月都转归

自己

时时拣择最后无从拣择

谁能替我生，谁能替我死

日出东山，月亮便落西山

多少事物住在言端语端

骷髅里的眼睛犹放光明

龙吟枯木中，血脉未了断

此心如动，大地当会惶恐

一句诗飘落

百味具足

原典

举马大师不安，院主问："和尚近日尊候如何？"

大师云："日面佛，月面佛。"

马师不安

马大师是指马祖道一大师。唐代高僧，其师是南岳怀让禅师，弟子则有西堂智藏、百丈怀海、南泉普愿等人。

据《六祖坛经》（机缘品第七之八）记载，南岳怀让禅师在悟道后，六祖慧能大师曾告诉他一个秘密说："西方般若多罗谶：汝足下出一马驹，蹋杀天下人。"这正应在马祖道一身上，"马祖"之名遂广流于世。

这年马大师八十岁了，他爬山碰到了一个洞子，说我下个月，色身就归那里。回到住地（今南昌佑民寺），他就身患重病、卧床不起了。寺庙的院主前来探视，和尚您近日起居可好？马祖回答说：日面佛，月面佛。

这是有记载的马祖最后一句话：日面佛，月面佛。可以有几层意思：一是不在病痛中，身心如一；二是纯然心心念念是佛，白天也参佛，夜晚也参佛；三是寿命等长，无足虑也。《三千佛名经》中说，日面佛寿为一千八百岁，月面佛寿为一昼夜。佛性等长，故寿命等长。

庄子亦曾有语："莫寿于殇子，而彭祖为夭。"活了八百岁的彭祖是夭折，而出生就死亡却是长寿。这句话可以与马祖的话同参。

马祖教人，以"即心即佛"入之，以"非心非佛"破之，以"平常心是道"行之。马祖曾示众云："道不用修，但莫污染。何为污染？但有生死心，造作趋向，皆是污染。若欲直会其道，平常心是道。"

　　三百年后，云门宗雪窦重显禅师赞颂说："日面佛，月面佛，五帝三皇是何物？二十年来曾苦辛，为君几下苍龙窟。屈，堪述，明眼衲僧莫轻忽。"他说自己二十年来，出生入死，方悟到"日面佛、月面佛"之真义。

　　这场独幕剧是关于临终的关怀、生死的学问。一人一句话，灯灭。实则，马大师并没有回答院主的话，他只是如常念佛而已。如是，方为公案。

赵野词

我不

我不问是非，一向安好
天天但见日出月出

龙溪的水声逐樱花而来
另一个世界就此打开

无须面对最高真理
也无须逃避生死的流转

怎么都可以，怎么都不可以
多少次扎进苍龙窟里

金鸡报晓让炉火发亮
前途路滑，打铁如打江山

当年也曾驱马驹踏杀天下
一剑连削五帝三皇

原典举德山到沩山，挟复子于法堂上。从东过西，从西过东。顾视云："无，无。"便出。德山至门首却云："也不得草草。"便具威仪，再入相见。

沩山坐次，德山提起坐具云："和尚！"沩山拟取拂子，德山便喝，拂袖而出。德山背却法堂，著草鞋便行。

沩山至晚问首座："适来新到在什么处？"首座云："当时背却法堂，著草鞋出去也。"沩山云："此子已后，向孤峰顶上，盘结草庵，呵佛骂祖去在。"

德山挟复

德山是指德山宣鉴禅师，四川人。到湖南宁乡市的沩山参禅。挟着一个包袱就去了，复子就是袱子。风尘仆仆，也不办手续，径直来到法堂上。走来走去、晃来晃去，旁若无人。转了几圈后，环顾四周说："无，无。"这倒好，听起来像是在说："没有我想找的，没有我想找的。"于是便纳头就出。这一回合，坐在堂上的沩山和尚并没接招。

走到寺院门口了，德山忽然想起：也不能这么草草就走了吧，太没礼貌了吧，至少要跟大和尚打个招呼吧。便整整衣袖，再入法堂。

沩山灵祐禅师一直坐在那儿呢，德山提起坐禅用的坐具，行礼说："和尚。"和尚是敬语。沩山正要举起拂尘，还礼答话。不料德山大喝一声，截断沩山的思维。然后拂袖而出。众人只能看到他背向法堂，穿上一双草鞋就走了。这一回合，沩山来不及接招。

到了晚上，沩山想起来这事，便问首座："那个刚来的现在在什么地方？"首座说："当时就看他背对法堂，穿上一双草鞋就走了。"沩山叹道："这个家伙今后，一定是向孤峰顶上行。结个茅草屋、呵佛骂祖去了啊。"

三幕剧，两进两出，留下无数疑问。疑问一：德山说无无是什么意思？疑问二：他似乎连包袱也不要了。疑问三：他行礼时为什么要举起坐具。疑问四：他大喝一声、掉头便走是否没有礼貌？疑问五：这草鞋是他的还是别人的，他是赤脚来的还是穿鞋来的？疑问六：沩山说他盘结草庵呵佛骂祖是褒是贬？

也许，只有德山再世，向我们再喝一声，才能把这些疑问震散。否则，当我们添油加醋时、自圆其说时，便是在毁灭这则公案。这如同我们看一出先锋话剧，没有逻辑、没有情节、出人意料、直接给、从不解释。每个人都能从中悟出他自以为是的真理。一旦悟出，便如同桶底脱落，可以呵佛骂祖了。

但是仍然要简单解释一下，以有个契入处。第一幕，德山四顾，连口称无，是他自己的境界体现，如入无人之境，心下了无挂碍。第二幕，德山返堂拜和尚，是一念即生，便专注于一念，拜完即止，大喝一声，又复心下无挂碍。穿上草鞋就走，也不管是谁的。自己的行李包袱拿了没有，也没那么重要。第三幕，沩山称其孤峰顶上行，是赞其境界已现，可以开宗立派、大演禅法了。所谓呵佛骂祖，不过是抹去名相、去掉法执，没什么稀奇的。

沩山所说"此子已后，向孤峰顶上，盘结草庵，呵佛骂祖去在。"与龙潭崇信和尚所言极为类似。德山至龙潭和尚处开悟，龙潭和尚有言："他时异日，向孤峰顶上，立吾道去在。"我总认为，这些公案抄来抄去，后人不免"高推圣境"，又往往无从考证，徒子徒孙多了，便故作玄机之语，也大可想到。

因此不妨当文学来看，当演绎来看，更有趣味。如果在现实中碰到德山这样的无礼、棒喝之人，赶紧躲远点，宁可不开悟，也无须被喝得很傻。要么就教你一个最简单的招，下模仿棋，他喝你也喝，他棒来，你棒去。这招为什么管用？因为立即使双方变得平等，而且也不用动脑筋。只要不思考，你怎么做都是对的——问题是，你能坚持几个回合？

德山自龙潭和尚那开悟，便到沩山那去印证。又三十年，他便住澧州德山（湖南常德），开"德山棒"之说法。他的"说打三十棒，不说也打三十棒"的"德山棒"与"临济喝"齐名。寿八十四。

青天

青天白日说道都是多余
谁被时间使，谁又使得时间

过去心未来心何为此心
我挑一担虚空，敢立地成佛

平地风雷，钟声敲亏月亮
火光明灭之际一念婉转千回

天堂地狱如馒头，一把掷来
狭路相逢唯勇者能胜出

文明的沉荷雪上加霜意
我遇祖杀祖，不怕下不得手

今日苍山顶上雷霆万钧
他端坐闪电里，打风打雨

原典　举雪峰示众云："尽大地撮来如栗米粒大。"抛向面前，漆桶不会，打鼓普请："看"。

雪峰粟粒

雪峰此举，破尽名相。将大地撮起来，就像米粒那么大。故此不要执着于现象界。这只是一个现象。这个现象存不存在呢？整个地球如同弹丸？当他如此说来，大众的脑海里已经生成这幅图景，而且还可以画出来，甚至在电影中表现出来。故此，这个现象是存在的，可以表现的。神话诞生的基础，便是心有所想、念有所寄。虚构所致，也是真实的，因为真实存在于我们的意念当中。

我们要把心量打开，才能容纳与自己观念和经验不一致的东西。观念和经验，都来自于思维，破除现象的本质是破除对现象的看法，也就是破除思维。破除思维就能达到不可思议之境。不可思议则进入"奇奥"之境。由奇奥而复归平淡，则尽大地撮来仍是大地。因此，要晓得，雪峰是以"破法"接引僧众。还有一种破法是，体认到"陆地平沉，虚空粉碎"。陆地平沉是"破有"，虚空粉碎是"破空"。将空、有都破掉，人的意识就从现象回归到本体了，了无挂碍，桶底脱落。不再是心如漆桶，既不通也不透。雪峰有感于僧众心如漆桶、为思维所困，故此打起法鼓，普请众人，道一声看，再次截断思维意识，使光明放进。谁人得着，即得大自在，周身受用，纵脊剖腹。法鼓声声，使我想起朱哲琴的《七只鼓》。

现代人都从宇宙照片中看到过，地球如尘埃、如米粒大。但雪峰的时代，是唐晚期，要理解这个现象很难，只有将心量放大，方能如此体认。心量要放大，首先就是破除一切局限性，凡是束缚心念的，使其自动脱落，不要自己给自己设置疑虑和障碍。使自己的意念趋于一致，而不是左思右想，不要让自己的念头与自己的念头打架。否则，始终处在内耗的状态，则会举步不前。"精神内耗"已为当今西方心理学家所认知，并以术语析之。这是参禅的一条歧路，也称之为"作念弄意"，将思维有得误作开悟。

如果我们只是知道有"芥子纳须弥"这句话，而对这句话没有任何体认，我们仍然只是"口头禅"，并没有实证经验。雪峰就吃过这样的亏，雪峰对师兄岩头说，他受德山棒而开悟，如同桶底脱落。岩头喝斥："尔不见道，从门入者，不是家珍，须是自己胸中流出，盖天盖地，方有少分相应。"也就是说，你必须自己实证到智慧从自家心地流出，而非重复他人所说的话。这也是学者和智者的区别，学者在学中，故常需引用他人所述；智者明心见性，每每自家言出，便一语中的。学者用脑筋，用思想；智者用心地，用无想。

"雪峰"即雪峰义存禅师，被认为是唐末最伟大的禅师之一。世人称"北有赵州，南有雪峰。"

雪峰十七岁出家，二十四岁碰到唐武宗灭佛，为避祸改穿儒服，继续参学。曾"三到投子，九上洞山"，投子山在安徽，洞山在江西。十几年间，雪峰往返于投子、洞山。去了就当饭头，给僧众做饭。一天洞山问他："淘沙去米，淘米去沙？"雪峰说："沙米一齐去。"洞山问："大众吃个什么？"雪峰便覆盆。见此，洞山指引他去找德山："子缘在德山。"

雪峰回答"沙米一齐去"时，貌似高妙，实则仍落入洞山设置的陷阱：你仍然被思维困住了。后来覆盆，虽仍在思维中，却有决绝之意，故洞山指引他去受德山棒。然而雪峰真正开悟，去是受师兄岩头的磕碰："须是自己胸中流出。"

《华严经》云："一尘中有尘数刹，一一刹有难思佛。"何解？何解？快道。快道。

王朝

王朝抛出去只一粒樱桃
或我的一只眼，把兴亡收尽

牛头马头变换城头旗帜
多少英雄要翻起镜中尘埃

善者不来，来者也不会善
汝临水照出自己的身影

他一声棒喝斩杀天下狐狸
锦绣大地啊伏尸万里

鹳雀楼登高，轩辕台击鼓
潜沉的豹子出没阳光下

一百个春天一一看遍
唯有诗能把我和人世勾连

原典

举云门垂语云："十五日已前不问汝，十五日已后道将一句来。"自代云："日日是好日。"

006

云门好日

云门发露禅机，常以"一字教"示人。有僧问："杀父杀母，佛前忏悔，杀佛杀祖，向什么处忏悔？"云门道："露！"又问："如何是正法眼藏？"云门道："普。"这个教法，一字中遍含千万字含义，全在为人接引。一字喝断，乌云穿洞，光明放进，如同大理上空的一米阳光。

但这次云门没有这么玩，他在开示垂语时向僧众说：十五日已经过去了，就不问你们了；十五日之后，你们说上一句来。不待众人起思维，他又自言自语说：日日是好日。

阴历十五，自是月圆之日。十五之后，月从盈至亏，如此消返。所谓十五日已前，是前念已逝；所谓十五日已后，是后念未至。前念已逝，后念未至，正是禅机消息。惜乎无人应答得一句，此消息间不容发，稍纵即逝，因为一停顿，便又落入思维意识之中，无机可乘。云门遂说来，日日是好日。全似不着意，不经意，未经思维拣择，不落意识下乘。有什么说什么，什么映入脑海说什么，全是自家心地流出。

如果我们分析，日日是好日，如何如何回答得高级，具有怎样怎样的意味，既圆融而又隽永，那么这种分析已经背离禅宗了。解释、分析、运用大脑这种工具从来不是禅的本质，如果这样，我们永远学不会禅。因此，"不立文字"显得很是重要。至少要让文字变得"破碎"，超越逻辑和理性。禅是关乎心灵的运用，而心灵是无法把捉的，它只能体认。这就像泰戈尔所言："灵魂只是歌唱，灵魂从不解释。"

这也是为什么南禅一直反对北禅，北禅认为渐次修持可以达到对禅的领悟，而南禅则认为悟与努力无关、与勤奋无关，当你渐修时，实际上便已落入思维意识的层面了，渐渐怠蔽而不自知，这不是向上超拔一路。因此南禅发明了公案、行动等等险峻禅风，皆是为了顿悟、脱落而设置。如果你这样想想也是对的：灯要么被燃亮，要么陷入黑暗，没有什么方法能让灯一点一点渐次变亮的道理。因此，在南禅的教法中，要么智慧觉悟之灯被激发燃起，要么你仍处在黑暗之中。而燃灯是一刹那的事。除此之外，都是在黑暗之中苦苦追寻，尤其是，当你神经症状发作，误以为看到了光亮，实则是自己想像出来的，它用来自我欺骗。

但是达摩为什么要面壁九年呢？这是外界的看法，时间的长短在达摩这儿已经不存在了。面壁九年，并非渐修。那只不过是达摩的一次入定而已。他认为只有一瞬。因此，面壁九年，不能成为达摩是在渐修的借口。北禅的教法仅仅欺骗一下自己，欺骗一下老百姓和达官贵人还是够用的，这种自欺欺人的教法实则是一种表演，表演在修习，表演刻苦，表演苦行，表演比他人高明，以此欺瞒自己的本心。这种教法欺瞒不了"正法眼藏"，欺瞒不了"不立文字"，欺瞒不了"拈花一笑"。也欺瞒不了历史上那些心地得大光明的僧侣。

"日日是好日"是一个话头，可供众人去参。如果每天醒来，能想想这句话，尽管生活不尽如人意，但却是世界所能发展出来的最好的样子。因此，即便再来一场战争，再来一次集中营，再来一次瘟疫，也没有什么可怕的，我们正在促使灵性发生觉知，世界发生改变。无非是在地狱中还是天堂中，去促使这种转变。

尽管，"日日是好日"已被众人用至俗滥，用至心灵鸡汤，对此要保持反省，要去重新擦亮它的词性，使之呈现出应有的真容。重要的是，话头要去"参"，而不是去"想"。当我说"想想这句话"时，已经落入文字的误认当中，对此要保持足够的警惕。但当我过分强调要"参"而不要"想"时，则又落入对教法的执着之中，对此同样要保持足够的警觉。

先贤

先贤 远去了，气息还在
留 一地词语 让来者 慎入

他 出生成长牧牛行脚
两手空空，日日是好日

日日是好日，坐断昨日明日
有 无 之 际 百圣消声

一粒尘埃飞起，大千绽开
汝该走就走 该来就来

我已踏破了往昔的流水声
点燃燕子掠过的路径

苍山妄想打遍，草长烟起
岩上花树葱群莺乱啼

原
典

举僧问法眼："慧超咨和尚，如何是佛？"

法眼云："汝是慧超。"

法眼啐啄

凡所有问，即落思维；凡所无问，即落空茫。是问？是不问？

参学者还得硬着头皮发问，迟疑地、小心地、知道自己心地未明地问："慧超请教法眼和尚，怎样才是佛？"

法眼答是所问、答非所问："你是慧超呀。"

在《指月录》记载中，慧超由此悟入，人称归宗策真禅师便是。

《五灯会元》则载，有僧问归宗策真禅师："如何是佛？"师曰："我向汝道即别有也。"

慧超此答，可谓是他对老师法眼的注释。他说我要跟你讲了什么是佛，那是我讲的，不是你有的。

哎呀，这公案看起来就有意思，如同孔子答如何是仁，随机应答，机随权变，答案各一，指向不二。

法眼和尚即法眼文益禅师，唐末五代初之人。参禅习儒，20年间未得彻悟，行至漳州地藏院，遇罗汉桂琛禅师。罗汉桂琛指着庭外一块大石头问法眼文益："上座寻常说三界唯心，万法唯识。且道此石在心内？在心外？"法眼文益道："在心内。"
罗汉桂琛反问道："行脚人著甚么来由，安片石在心
头？"法眼文益豁然有省，遂接罗汉法脉，以"若论佛法，
一切现成"为旨趣，开创法眼宗。法眼宗接人简明如
云门、隐秘类曹洞。以箭锋相拄、泯绝有无、就身拈出、
随流得妙为法眼四机。当然，这样总结只是便于概括
理解，与得悟无涉。

如何是佛？得悟者任意作答皆在靶心；未悟者亦
步亦趋皆在靶外。

太初有言，言与万法同在

明月朗朗照彻沧海

莲花未出水，白发欲作响
我一叶遮住本来面目

云的聚散泄露了多少天机
每一缕春风都带着消息

太初

不祥的谶谣流布四野
谁能听得懂鹧鸪的私语

他面如血盆，牙如剑树
一口吞进古今豪杰

三月三，水仙乘鲤鱼去了

几滴眼泪流过红旗

举翠岩夏末示众云："一夏以来，为兄弟说话，看翠岩眉毛在么？"保福云："作贼人心虚。"长庆云："生也。"云门云："关。"

翠岩眉毛

这回上场的有翠岩和尚及保福、长庆、云门众僧。人物四个，每人一句，谁是主角？按道理应该选话多的，表现机会多。如是乎，则艺术不存焉。

这天已是夏末，或许是结夏安居的共修已了，翠岩和尚照例要升堂开示，他风趣说："这个夏天以来，我跟兄弟伙说法说得太多了，你们看我眉毛还在也不在？"他的意思是说得过多，会遭佛惩罚，眉毛脱落。

保福言："你这是做贼心虚啊。"

长庆说："眉毛生长得很好。"

云门道："关。"

翠岩是指翠岩可真禅师，宋代高僧，福州人。曾寻慈明禅师而发悟。其事受两激。

一为慈明禅师的侍者所激：二人行于山路，这位"善侍者"拈起一片瓦砾，放置于磐石上，说："若向这里下得一转语，许你亲见慈明。"翠岩左右顾视，准备回答。善侍者大叱："伫思停机，情识未透，何曾梦见？"

二为慈明禅师所激：慈明猛然发问："如何是佛法大意？"翠岩说："无云生岭上，有月落波心。"慈明怒目大喝："头白齿豁，犹作这个见解，如何脱离生死？"翠岩惊，求示。慈明禅师说："你问我。"慈明厉声说："无云生岭上，有月落波心。"

翠岩悟后，作有《警僧铭》，内有"忘外忘内，离圣离凡"句，可谓彻语。公案中，"翠岩眉毛"亦遂成一典故，一话头。但他不是这个故事的主角，他只是发问，提供一个接引之机。就他话多，老婆苦心，怕天下人莫不能悟得圆妙真心。

保福即保福从展禅师，为雪峰义存禅师弟子，其内容多载于《五灯会元卷七》。有僧问他："如何是入火不烧，入水不溺？"他答道："若是水火，即被烧溺。"可见其机锋错置，字字如答，字字非答。

长庆即长庆慧棱禅师，往来雪峰义存、玄沙师备处求法。二十年间，坐破七个蒲团，不明此事。一日，卷帘忽然大悟，乃有颂曰："也大差，卷起帘来见天下，有人问我解何宗，拈起拂子劈口打。"他彻悟后，了了其了了义，认祖归宗，直指便是。就像有人说，你去开个证明，证明你爹是你爹，于是你一大耳光扇过去，这便是禅。此间不容发处，便是天机。天机流行，是为天理。天理入心，是为天良。

云门即云门文偃禅师，由雪峰义存处开悟，后创立云门宗。云门禅法，时以"一字关"取胜，道得一个字，何须费思量。有僧问云门：如何是云门剑？云门说：祖。凡有所问，但以一字酬之是也。

翠岩、保福、长庆、云门四人也都是雪峰义存的法嗣，所以互称兄弟。也因此，互相幽默打趣，翠岩说你看我说法都说累了，跟你们瞎说，我也不怕掉眉毛。保福马上反齿相讥，你这是做贼人心虚。长庆比较老实，眉毛生长的好着呢。云门则说，关。若作公案解，谁更高明？

若按圆融的解法，保福的回答用智慧、长庆的回答用慈悲、云门的回答则是用洒脱：关我屁事、打住、就不上当。

但若以境界论，保福半身入水、长庆全身湿透，只有云门未曾被淋。为何？翠岩此一问话，即设一陷阱，只要作答，便落思维，前二人都在思维当中。只有云门，跳脱得了，一个关字，截断思维。

此局，云门一字禅胜出。他才是真正的主角。

我就

我就是我自己，躺下即平
天知道种子如何发芽

人世已到了狂悖时刻
说一句真理，我满面惭惶

秦时明月升起可是诗
汝怼天怼地，什么不是诗

一个词就是一道绞索
语言坍塌处放射出光明

谁弹奏千古如弹奏春风
他有方便法门不惧眉眼脱落

镰刀凶猛，一路横扫过来
我在苍山上向植物道歉

举僧问赵州："如何是赵州？"州云："东门、西门、南门、北门。"

赵州四门

这僧也怎么刺头，不关心自家底事，倒关心和尚的事来。然而禅宗修行者无所不问、无惧于问，也无所不答、答非所答。僧问：赵州是谁，怎样是赵州。此处，赵州指赵州和尚本人。而赵州和尚却答：赵州啊，有四个门，东门、西门、南门、北门便是。

赵州即赵州从谂禅师。年青时依南泉普愿禅师学习。一日，赵州禅师问南泉禅师："如何是道？"南泉道："平常心是道。"赵州道："还可趣向也无？"南泉道："拟向即乖。"赵州道："不拟争知是道？"南泉道："道不属知，不属不知。知是妄觉，不知是无记。若真达不疑之道，犹如太虚，廓然荡豁，岂可强是非邪？"赵州自此悟入，且以"平常心是道"为其立基之根。

他壮年时各地参禅，不拘门户，遍接法露。自谓："七岁童儿胜我者，我即问伊。百岁老翁不及我者，我即教他。"遍及惠能门下的"二甘露门"青原系和南岳系，包括北宗神秀的足下；只认禅证上下，不拘辈分高低，乃至同参师徒乃至于孙支。行脚至八十，遂住于赵州观音院弘法。生于778年，卒于897年，寿一百二十岁。

有学僧问赵州："狗子还有佛性吗？"赵州："有。"学僧："狗子既有佛性，为什么却撞入这个皮袋？"赵州："因为他明知故犯。"

又有学僧问："狗子还有佛性吗？"赵州："无。"学僧："上至诸佛，下至蝼蚁，皆有佛性，狗子为什么没有佛性？"赵州："因为他有业识在。"

及宋，法演禅师将此公案拎出，参这个"无"字，是摧毁一切我知、我见的法器。稍后，有大慧宗杲禅师提倡"无"字公案，讲了八个"不得"。否定一切思维意识，以便进入禅境。后又有慧开禅师，依此写了《无门关》，共四十八个公案。由此，"狗子无佛性"凝练而为"无门关"，成为禅门一大总持，流布日本、欧美等地。

"平常心是道"与"机锋迭出"似乎背离。"平常心是道"是"老实禅"，担柴倒水，吃茶洗钵，庭前柏松子，禅风平实。并不一味逞风弄机、喝来棒去，却自有其底蕴意味，初觉平淡无奇，细究况味无穷。南泉一路，到了赵州，呈现出朴拙厚重的风貌。此一路向，皆由个人性格决定，重智则禅师高迈，重仁则禅师平实。故南泉智多而赵州仁厚。

回到这则公案。赵州和尚平实中带杀机。僧出一招：如何是赵州。赵州貌似平白无奇，招数普通，东南西北四门。却是指东打西，将将错过，扫杀一片。

如何是赵州？说无说有，说城说门，招数应用是无尽无穷的，只待老僧落叶金针，度送于人。

他有事自在无事也自在
落日美酒，有无都在镜中

风吹动前世今生的记忆
有句无句都成诗意

燕子随念流转，痛失杀机
电光石火间桑田沧海

他有

觉醒的技艺生发出意义
道路振衣宽带，呼啸而去

东门和西门，南门和北门
四门都打开任我出入

这里山还是山水还是水
白鹭上青天，何须达摩西来

举睦州问僧："近离甚处？"僧便喝。州云："老僧被汝一喝。"僧又喝。州云："三喝四喝后作么生？"僧无语。州便打云："这掠虚头汉！"

010

睦州三喝

这则公案，此时出现，是一个很好的"气口"。因为读了前面九则，会容易让人产生联想：禅不过如此、我也会。不会禅者，才会有"狂禅滥道"，未悟说悟，有样学样。下面这个僧就犯了这个毛病。

睦州问他，最近从哪儿来。僧便是一喝。这一喝，睦州不知其境界，故此平淡对应：我被你吓了一下。此时，僧又喝，这一喝便多余了，也露了馅。只是一个未了汉。睦州便问，你这样三喝四喝之后要搞么事。僧落于思维，接不上话。睦州一看接引之机到了，作势便打：你这个虚头巴脑的家伙。

公案没说，此僧得悟是否。但料想难以悟入。因其所喝，不过是掩饰自家心地所无。若自家心地所有，则洋洋洒洒，左右成机。怎样说便有，如何喝都对。判断一个人的水平，就像人力资源官面试，普通几句话，就能暗断其是否外强中干，是否人云亦云，是否编排背诵。急于表达者，多急于求成，或思维敏捷，但却失之于浮皮潦草、虚张漫应，此气机上浮之症；怠于应答者，多懒贪成性，心中无主，虽或有性格沉稳、慢条斯理之好感，却是气机下堵之症。故此，识人接人，不由言辞形貌之忖，而由神色气息之会。

若想不欺瞒人，首先要验得自己心下是否安适、痛快。若自己心下惬意，五蕴不炽，则神色气息自会有风清月白之态。此神所安，则他人近其侧，疑虑烦恼也会消融。于此则护持百步之内。此神若大张，则护持百里之内。此神若光焰不息，传灯不已，则护持千城而不疲。正所谓"千江有水千江月"。

睦州即睦州道明禅师，曾于道边织草鞋度日。因接引云门文偃，推举临济义玄，故有"推临济，托云门"的功德。云门参睦州时，睦州一连三天，不让他进门。次日，云门跳入，睦州关门：快说，快说。云门一腿吃痛。于门内门外间，豁然有悟。

平时，靠大脑思维运作；而紧要关头，非大脑思维可以运作。此时，谁救得了你？参透这一关节，便不受大脑所欺，而终于可以控制大脑，做自己的主人。

关闭大脑，"身是无头尸"；解放心灵，"心是无头身"。参至"无头亦无心、无身亦无尸"，则得庄子"吾丧予"之境界。

此境界是禅是道，是诗非诗？世人尚纠缠于名相，真人已解脱而自在。

一声喝斥回到最初的天地
果实开又落，遗响千年

　　染病的向日葵一代代坍塌
　　自由在路上从未抵达

　　什么刀子在手，敢骑虎头
　　几百双草鞋穿过艳阳天

　　旗杆上的黄雀强作解人
　　岩石开牡丹，火中涌泉水

　　即破即立，我要人境俱夺
　　说得太多怕汝死于句下

　　我要让汉语再度飞起来
　　胆怯的文明焕发出新生机

原 举黄檗示众云："汝等诸人，尽是噇酒糟汉，恁
典 么行脚，何处有今日？还知大唐国里无禅师么？"时有
僧出云："只如诸方匡徒领众，又作么生？"檗云：
"不道无禅，只道无师。"

黄檗噇糟

终于到黄檗出场了。他的大机大用，痛快。一语坐断天下人舌头："大唐国里无禅师。"正是有感于天下禅僧熙熙，皆为佛来；天下信众攘攘，皆为禅往。如此川流不息，实在却是向外觅佛，何苦，何必。因此痛骂座下：你们这些人，简直是酒囊饭袋，到处乱转，走到哪儿能开悟？大唐国里没有禅师，可知？

有个僧出来辩解：照这样说，那些带领徒众的主持、方丈，又是干什么的。

黄檗说：不是没有禅，但是没有师。

黄檗身长七尺，相貌威严，额间隆起如珠。一看就异于常人。说起话来又不耐烦，动不动就打、就撕、就棒、就喝，比现在的网民还要粗暴。但是，受他接引者，如受电击，全身触动，立马开悟。可见其机锋峻烈。

临济天资甚高，投他而来，连吃三次棍棒，不敢再去。睦州为托举临济，对师父黄檗说，这是个可造之才，望再接引。临济辞行，黄檗指点他去找大愚禅师。大愚一句黄檗婆心悲切，你却在这惶惑。临济当下顿悟，原来这就是禅机啊。不再言语，打了大愚三拳。由黄檗禅而至临济宗，自此道通。

黄檗即黄檗希运禅师，早年敬仰马祖道一，欲往学道。不料马祖道一已逝，转投其弟子百丈怀海。怀海是宗教改革家，著有《百丈清规》，内有"一日不作，一日不食"之语，其"洪州禅"天下皆闻。顺带一提，宋儒之书院，即仿照百丈僧团制度而设。此实乃宋明理学即由禅儒合流之一大媒介影响。

据《仰山慧寂禅师语录》载，沩山曾问仰山云："马祖出入十四人善知识，几人得大机，几人得大用？"仰山答曰："百丈得大机，黄檗得大用，余者尽是唱导之师。"

黄檗在百丈门下，好学。屡问百丈，马祖如何言教。百丈说，马祖问我：你今后如何与人为善、方便众生？我取下拂子竖起。马祖又问：这是教化众生，还是不教化众生？我把拂子放回原处。此时，眼见百丈要落入意识思维，马祖大喝一声，如狮子作响，百丈三日耳聋。黄檗听了，悚然吐舌。

百丈知黄檗一代高峻，故有代师传法之心，以父兄之意待黄檗。一次，黄檗问百丈："学习上乘佛法，应受什么教诲？"百丈良久，黄檗自言："也不该让佛法断绝、后人无传。"百丈缓缓说："我认为你是个人才。"

黄檗的禅学思想继承了马祖道一"即心即佛"。尤力倡"心即是佛"。他说："诸佛与众生，唯是一心，更无别法。此心无始已来，不曾生，不曾灭，不青不黄，无形无相。不属有无，不计新旧，非长非短，非大非小，超过一切限量、名言、踪迹、对待。当体便是，动念即差。犹如虚空，无有边际，不可测度。惟此一心即是佛，佛与众生更无差异。"

所谓"一心"，分别即魔，忘机即佛。黄檗老婆心切，以打、骂、喝交加，截断学人情解，独树洪州禅风，经久不衰。

何妨再录一段，唐宰相裴休拜黄檗为师，录有《宛陵录》。

黄檗有言："语默动静，一切声色尽是佛事，何处觅佛？不可更头上安头，嘴上加嘴。但莫生异也。山是山，水是水，僧是僧，俗是俗；山河大地，日月星辰，总不出汝心。三千世界，都是汝自己，何处有许多般。心外无法，满目青山，虚空世界，皎皎地无丝发许与汝作见解。一切声色尽是佛事，若学道者不即不离，不住不着，纵横自在，行住坐卧，语默动静，皆为道场。"

我们把剧情改动一下。黄檗说："还知大唐国里无禅师么？"僧出云："黄檗是禅师？非禅师？"檗云："不道无禅，只道无师。"

完美，完全不走样。

我藏

我藏有一卷诗，撼天动地
行星都要围绕它运行

我自说自话追古抚今
你们也许懂，也许不懂

石头开悟，何处是今日
一个种族就这样迷失

喧嚣与静默有秘密的通道
词和物生长，不即不离

先知跌落杏坛满地找牙
大唐国里谁敢做诗人

放不下的一切我都担着
独立佛顶峰，替苍生忧心

举僧问洞山："如何是佛？"山云："麻三斤。"

洞山三斤

此为举世公案，铁证如山。佛在哪里，如何是佛，僧一发问，四方震动。洞山眼前，三斤麻而已。故道：麻三斤。正所谓：青青翠竹，皆有佛性；郁郁黄花，无非般若。证者能实见，未证者不能实见。此见为见地，非眼见，非闻见，非嗅见，非尝见，非触见，非意识见。所见者何？见性者是。心明则有见地，见地即见性，见性即见佛。

如何是佛，见性即佛。如何是佛性，麻三斤。山河大地，无不是佛性所生。三千大千世界，无不是佛性所摄。人不能见道，非道不存，习气所蔽也。故去蔽是参佛第一要旨。去蔽则有发露之机。如何去蔽，去除思维习惯而已。念佛至无念之境，打坐至无念之境，做事至无念之境，做爱至无念之境，此即去蔽。去蔽无它，截断思维、破除习惯，得此断离，斯可顿悟。

只怕此僧问完，陷落沉思，则洞山所启，还入雾淖。罪过，罪过。千百年过，后来人再探迷情，思虑复起，言语讥释，念念相缠，则去道者更远。此即公案之罪。截断老僧话头，大喝一声，拳棒相加，若无此振拔，则禅宗颓废。故不立文字者，破除文字而已。不立即离，破即不立。破得文字者，诗、偈、拳、棒、喝、吼、指月、对镜、断念、绘牛、相思、饮茶、止语、默观、自省、呼吸、调琴、洒扫、乘兴，如此种种，皆为对策，皆是良辰。若破得文字，便可落入文字。便可五千文、十万字、三藏经。我佛不立而立，学佛当破即破。

《古尊宿语录》释此公案云："麻皮三斤不用秤。秤头那肯坐于蝇。一念才生筋骨露。徒劳更觅定盘星。"洞山或正在称秤，称得麻皮三斤，忽逢僧问，不思即答，麻三斤。此合圣旨之意，可见天神颔笑。若僧寻思，即落下乘；若僧顿启，便入上流。此天人之际也。

公案尚有彩蛋。雪窦重显之评唱记录，有僧问智门和尚："洞山道麻三斤，意旨如何？"智门云："花簇簇锦簇簇，会么？"僧云："不会。"智门云："南地竹兮北地木。"僧仍不解。寻洞山而问。洞山云："我不为汝说，我为大众说。"遂上堂云："言无展事，语不投机。承言者丧，滞句者迷。"

没想到洞山还会返场，再解迷情。智门和尚也是个得机圣手，全无半点迷滞。僧则一片麻木，麻三斤为何是花簇簇锦簇簇，为何是南地竹、北地木。洞山只得升堂，自己把自己的公案判了：言有展事（实义），语有投机，奈何你不会，不会即无。一落承言，一入滞句，即得粘连，即命丧神迷，即坠红尘，即为凡胎。——说句狠话：若不自悟，任谁也超度不得。

洞山一般指洞山良介禅师（807-869），唐代高僧。曹洞宗开山祖师，弟子曹山本寂为光大者。洞山参南泉、拜沩山、归云岩，虽才高智足，惜乎未悟。后辞云岩，请说心法大意，云岩道：只这个是。洞山闷别，行至河边，见己倒影，心开而悟。作偈说："切忌从他觅，迢迢与我疏。我今独自往，处处得逢渠。渠今正是我，我今不是渠。应须这么会，方得契如如。"遂成一代宗师。以"五位君臣说"接引学人：正、偏、兼、君、臣。

但本则洞山是指洞山守初禅师（910—990）。他是云门宗第二代尊宿。他谒云门："昨日蒙和尚放三顿棒，不知过在甚么处？"云门和尚道："饭袋子！江西湖南便恁么去？"守初禅师言下大悟。

另一个高人智门和尚，即智门光祚禅师，北宋和尚，生卒不详。云门宗第三代领袖。云门文偃传香林澄远，香林澄远传智门光祚。雪窦重显（980—1052）为其高徒。重显问光祚："心中不起一念，为何也有过错？"光祚示意重显走近，以拂子击嘴。重显欲开口，智门光祚又击。重显遂悟，后使云门中兴。

又须知此，禅门公案，多后人窜入、多他人代笔、多推隆家师、多未悟说悟，此亦观碧岩录之一大关节：信与不信，真与不真，虚构与非虚构，能否超越于判断之上？宗教虽无信史，法门确有高下。诸君当鉴。

如何才能明了活着的合法性　　　　今上投下胜负手渡盛世劫
谁来告诉我风的本来面目　　　　　海水茫茫没过泰山顶

世界是个梦，把它做下去　　　　　禅语可以不仁，诗语必险
行星啊不要把我撞醒　　　　　　　诸夏已死在圣人的话中

南方竹北方木点燃四方烽火　　　　燕子开始飞回那些寻常人家
每个王朝都只有麻三斤　　　　　　夜夜惦记着贼来敲门

如　　何

举僧问巴陵："如何是提婆宗？"巴陵云："银碗里盛雪。"

013

巴陵银碗

昔年提婆本外道，因见龙树而悟得本心，证得菩萨位。提婆宗即为龙树宗之一支。龙树宗又称"空宗"或"中观宗"。中观不落于有、也不落于无，持有中见而非边见。

巴陵说"碗"，非谩议，而有深指。提婆欲见龙树，龙树着人持一碗水去，提婆投入一枚针。龙树遂收提婆为弟子。龙树为西方禅宗十四祖，提婆为十五祖。此是障眼法，无论提婆投一枚针或是一块石子，或是将水泼掉，龙树都会收他为弟子，只因机缘已熟。此宗教故作神秘之会。若生硬解释，则自寻烦恼，以为有得。乖离佛旨大意。

巴陵则重叙此碗，"银碗里盛雪。"此般意境，着实难得。银碗如白，雪亦是白，以白覆白，即以心印心。此巴陵妙绝偶得，如天外之机，飘然而至，得此上佳公案，真是极品。

巴陵即巴陵颢鉴禅师，生卒不详。云门得意弟子。云门曾说，"他后老僧忌日，只消举此三转语，足以报恩。"巴陵以辩才无碍著称，人称"鉴多口"。他一心精进，于僧衣下缝一坐具，四处云游。曾住岳州巴陵寺。

世以"巴陵三转语"相传。僧问："如何是道？"巴陵曰：

"明眼人落井。"问："如何是吹毛剑？"巴陵曰："珊瑚枝枝撑着月。"问："如何是提婆宗？"巴陵曰："银碗里盛雪。"所谓转语，即转拨机锋、接人之语。巴陵接人，不作截断思维意识之法，而是遁思维意识而去，终至断头路，然后恍然。如何是道？明眼人落井。即是明眼人，如何会落井？此路不通。如何是吹毛宝剑、本体不用？珊瑚枝枝撑着月。珊瑚枝枝，月影沉波心，似乎珊瑚枝枝撑着月，而月却高悬如故。此是幻影、真相拨转之机。都要你寻思而去，知迷而返。

在《人天眼目》中，巴陵三转语略有不同："僧问巴陵：如何是提婆宗？陵云：银碗里盛雪。问：如何是吹毛剑？陵云：珊瑚枝枝撑着月。问：祖意、教意，是同是别？陵云：鸡寒上机，鸭寒下水。"这个也好，一句"鸡寒上机，鸭寒下水"，遇寒则避，此性如一；避寒各有法门，此流布之不同。祖意、教意看似有别，实则一性。教理一般，教法各异。本体一般，现象各异。破现象之执，即入本体"无二"之门。《五灯会元》亦载有此公案，因耳笔之传，各有所侧重误漏，故须领会：鸡同鸭讲，是同，是不同？

明月藏白鹭，白马入芦花

佛魔不到处有何究竟

我问你要最初的本心

你从怀中掏出了一片云

我是谁我是你你是谁

九十六种外道，谁在台上

红旗下起清风，谁在戏中

江山不论龙蛇的出处

老虎脱机关，狮子返扑来

我句到意到开出新气象

语言但觉醒经验就激越

时代如银啊诗歌如雪

明
月

原典

举僧问云门："如何是一代时教？"

云门云："对一说。"

云门时教

释迦牟尼佛，四十九年说法，三百六十会，开谈顿渐权实。谓之一代时教。有僧问，如何是一代时教，佛如何说法。云门吐言，对一说。一即一切境，众生不齐而性一。对一故不二，不二则无顿渐权实，我佛所说，实乃无一法可说。

云门以"一"贯指当下，僧既然以"一代"对"时教"，则答曰：对一（代）说。所答其实未答。如何是一代时教？对一说嘛。僧若问，如何是那时时教。云门依然会不假思索：对那说。僧若问，如何是对那说。云门则会答：那时时教。公案的翻云覆雨手，皆在当下翻转，见机拨弄，立危崖而舍身，无岸际而拯溺。若有人来问，便有隙可乘。此隙若能拨云见日，即放大光明。惜乎公案虽多，能悟道者，总归是少数。惜乎公案越多，歧路越繁。原为拨火钳，叠为窒火砖。此公案之一大弊端也，学者不可不慎。

云门即云门文偃（864—949），系雪峰义存之得法弟子，行法于五代十国。云门未见雪峰时，已于睦州处，推门夹脚而有悟。再参雪峰，乃托一僧代言："这老汉项上铁枷，何不脱却？"雪峰知情，心下有异，着僧众迎云门上山，从此相契，秘授宗印。后有僧举《参同契》问"如何是'触目不会道，运足焉知路'？"雪峰道："苍天！苍天！"僧人不明，却问文偃，文偃道："三斤麻，一匹布"其僧曰："不会。"文偃说："更奉三尺竹。"雪峰为之激赏。云门开云门宗后，大兴于岭南。称道"南雪峰，北赵州"，以还恩师之谊。

云门宗风被称颂为云门三句：函盖乾坤，截断众流，随波逐浪。对此三句，《宗范》解释曰："本真本空，一色一味非无妙体，洞然明白，函盖句也。本非解会，排迭将来，不消一字，万机顿息，截流句也。若许他相见，从苗辨地，随波句也。"

此宗宗风简谓"函盖截流"，奔流突止、意识猛断、盖天盖地、随缘任运之概。学人总结有云门八要，姑且听之，休要觅理，使之有春风拂过驴耳之状：（一）玄，接化玄妙。（二）从，从学人之根机以接化之。（三）真要，拈出佛道宗旨。（四）夺，不容学人拟议，截断其烦恼性。（五）或，不拘言词，接化自在。（六）过，宗风严峻，不许转身回避。（七）丧，不执己见。（八）出，接化自由，予学人出身之路。学人如此总结，云门泉下有知，必挥棒打翻这等名言理诠。可知后辈为学前师，避简就繁，自作缚绳，岂不可悲！杀！

苍山

苍山以言遣言，以机夺机
虎豹豺狼中度化有情

拄杖子挥出，虚空也痛
太阳戴上了黑色眼镜

业力不可灭，汝何处藏身
他截断众流涵盖乾坤

我随波逐浪还对一说
香茶留释子，秋草送故人

阎浮树下碧血开黄花
匹夫如怒，五步可杀一王

大道在眼前，我只走一边
生死流转里立定精神

举僧问云门："不是目前机，亦非目前事时如何？"门云："倒一说。"

015

云门机事

前次有"对一说"，此次有"倒一说"。云门又诓住寻思者。寻思者认为，对一说是朝向客体，向外界说；倒一说是朝向主体，向内心说。如此一来，似乎有了答案，而且振振有词，实则是在错误的道路上越走越远。

云门想阐明的是，"倒一"就是"对一"，主客无二、心境一般。故正说一、反说一、偏说一。理悟一者，得其一片；未悟一者，打向两端。

问者亦是自寻烦恼，将机、事视为两橛，若机是机、事是事，如此已落知障。见机行事，机便是事；见事知机，事便是机。故事为机之显，机为事之隐。显隐原非两件事端，只是一体同运而已。

凡向话头觅者，释得千般皆不是；须得如诗所叙："孤帆远影碧空尽，唯见长江天际流"。意之所动，如孤帆远影；体之所本，如碧空无尽。知本体而存意念，则长江仍是长江，在天际空茫中流动。阿弥陀佛，此得道体之正。诗中所述，千古流传，不仅是离人愁意，而是空谷传音。故印心者，能读出其道体不动三昧。

云门说一，倒一对一，皆是为度上智人而设。可恼诸般学者，自寻章机，未开心量，徒逞脑力智快，实则迷途未返。此处当揍云门一拳，见机接引，原本吾家本事，有何倒一、对一之捉弄迷藏？以此戏弄天下，使学人坠入枯禅迷思，该当何罪？

上智学人，有感于此，于是发明真心，将理学、心学聚于一堂，遂有宋明学术之盛。禅林法脉，反而人才不出，若无几个大德，几成绝响矣。

禅宗僧侣，该当奋然改革，去文字游戏之弊，继法而将非法，法将法矣。

过去的时间与现在的时间
全存在于未来的时间

过去的我与现在的我
却不会是未来的我

言辞起兴处白云千里
觅句如探虎，只宗第一义

过去

亡灵在后，影子在前
我就是我的桃花源

他一路打翻帝国的教条
我敢入龙潭同生同死

苍山若明镜，狮来狮吼
群峰无语而万法已现

原典 举僧问镜清："学人啐，请师啄。"清云："还得活也无？"僧云："若不活，遭人怪笑。"清云："也是草里汉。"

016

镜清啐啄

这是一幕荒唐剧，但又常发生在身边。有僧跟镜清说："我快要开悟了，请和尚使把劲。"镜清说："我要使把劲，你还能活着吗？"僧说："你要不使我活，恐遭人笑话。"镜清骂道："你这也是个草包。"

开悟之际，如同鸡蛋孵子，有个活物要出来。一旦出来，便获通透。如同有了新生命，洒脱无碍。禅宗接引，便是接引这个开悟之机。学人在内里涌动，称为啐；教师在外面嗑触，称为啄。此好一幅新生命气象，混元欲透，天地消息为之倾泻。

开悟正是人的第二次生命。由业身而悟法身，业身由业力转归而成、父母因缘所生，因而分段生死；法身则是不生不灭、不垢不净、不增不减之性体，此性体长存。悟得法身，则勘破生死，不为烦恼、欲望、迷情所惑，因而得大自在。此由浊转清、由染转净、由智转慧、由炽转莲之过程，故称清凉、净土、般若、火莲。

然而，开悟之事，三岁小儿道得，八旬老翁行不得。于是，知、行成为两端，愿、力成为两截。道理都懂，却没有转化为行动，生命因此并未发生受用。学问是学问，生命是生命，学问与生命无涉，见地与生活无涉，境界与生存无涉。于是坠于开悟的假相。知道玩火能自焚的人，是不会付诸行动的；如果他知道玩火自焚而偏要玩火，则说明他并不真的认为玩火能自焚。此便是私智用巧、自欺瞒人之举。

打破欺瞒，才能走出这种假悟。正如这则公案中的僧。他以"学人啐"来表明自己快要开悟了。镜清和尚不知真假，试探地"啄"了一下："还得活也无？"你还活着呀，你没闷死呀，我要啄你，你还能活吗？这句话埋下了"活扣"。此正是接人之语、活人之话。奈何僧并未悟到，你要不使我开悟，恐怕别人会嘲笑。也就是说，僧还是个生柿子，还没熟透，掉不下来，也吃不得。故此，镜清笑骂：草包一个。空心汉。内里无。心中没有，强说有。未到开悟之机，强作悟之言。可不是草包是什么。

世人皆以自悟为得，皆以不求为傲。实则暗里欺瞒心，经不起名利哄诱，一试便知真假。曾有一当世之人对一位喇嘛说，我现在已经到了什么都无求的境界了。喇嘛言：让别人知道你什么都不求，就是你现在最大的求。可见名利之毒深，可见拔毒之难。

至于公案此僧，"为赋新辞强说愁"而已。若真悟了，则又是一个境界，"却道天凉好个秋"。

镜清和尚，为雪峰法嗣，尤善"啐啄之机"。曾言："大凡行脚人，须具啐啄同时眼，有啐啄同时用，方称衲僧。如母欲啄，而子不得不啐；子欲啐，而母不得不啄。"

子啐母啄时，正是本来面目露出消息。子若不啐，母则不知；母若不啄，子则闷死。此便是应机行事之道。活人之法，正在此处。若不了悟真身，也只是个草包而已。

成毁源于一念，烈日炙心

光为照进黑暗领一份罪

天命蠕动，谁收到信息

秦关万里处处隐兵戈

向上的路就是向下的路

我一步踏将去，孤危栖危

我要用一种语言发明自己

用古老的汉语朝向未来

一首诗的写成岂止靠人力

四面八方须翻起大波澜

噫，天上天下唯汝独尊

世界是个蛋，一棒就玩完

成毁

举僧问香林："如何是祖师西来意？"林云："坐久成劳。"

香林坐久

首先要说，祖师西来意就是祖师东来意。打西边来，到东边来，一个意思。如何是祖师西来意？祖师东来意。若要参祖师西来意的话头，最好是与祖师培养情感，这个情感具有神圣的、崇高的、心向往之的意味。情感能产生智慧，当然也能产生愚昧。情感的作用是坚信自己所做的事情是有价值的，是真诚的，是全心全意的。当然，一旦情感所托非人，则自然产生了愚昧：毫无价值、沉没成本、代价太高、上了船就只能往前开了、一念误终身。

因此，有疑才有信。要想生起信念、生起信心，必须要有一个怀疑、考察、过滤、调研、判断的过程。这也是哲学中常说的理性精神。也就是说，信念要经过理性的审视。经过理性的审视之后，才不会有盲信，才会欣往。

理性再往前一步，就是深渊。这个深渊要求把理性打破，解放被理性束缚的事物。这时需要的是勇气，把生命舍去的勇气，献身的勇气。在这种勇气下，才能体验到生死一如、方生方死、无生无死的境界。这个勇气原本先天具有，只是为后天所蔽，偶尔泄漏丝毫作意，如慈母对婴儿，就具有这种勇气。有了这样的情感体验，便有了开悟的契机。不计后果、不计代价、完全投入，这就是禅。

因此，禅会进入一种癫狂状态，只是我们希望这种癫狂状态是可控的，而不是失控的。否则，就变成了疯子。假如说，禅是一种迷狂，是一种癔症发作，是一种心流体验，一定有许多人反对，但呵佛骂祖、棒喝交加，又的确具有这种迷狂的意味。理性帮我们建立了秩序，但同时又束缚着我们。而迷狂可以使我们的心性获得解放，但同时又失去了理性基础。因此，当我们理解禅，既要借助理性，又要借助迷狂。但是，我们同时要深知，对于禅而言，理性是不及的，而迷狂又是太过的。它们都是宁静的副产品。

当禅宗体现出迷狂的那一面，只是为了打破理性的束缚而设。这也是其因机施教的特色，因此，我们不能把迷狂误作是禅。面对理性和小心谨慎的人，必须用迷狂的方式粉碎对方。如此而已。而面对过于狂妄的人呢，则要用"平常心是道"来接引他，将其骄横慢傲祛除。同时，也要让其狂心初歇、息心兵，回到收敛的状态。

如何是祖师西来意？对理性者而言，要去你的。对妄念者、死下功夫者而言，则要回到初心，回到平常世界，理性打量世界。于是，香林说：坐久了也会积劳成疾。从香林的药方可以看出这个僧的症状。

香林即香林澄远禅师。初为云门侍者，称为远侍者便是。他侍云门十八年，开悟最晚，根器最坚。后驻青城香林寺，光大云门最力。有僧问：如何是衲衣下事。香林曰：腊月火烧山。临终时自谓："四十年方打成一片。"

凄凉今古，眼中三两蝴蝶

　　　百草头上罢却干戈

凄凉

谁也不可能战胜时间

我一句了然，悬崖撒手

他扔出瓦砾，打在竹

　　　　　子上

一声轻响中彻见自己

帝国坐久成劳，鱼行

　　　　水浊

十八路反王焚起狼烟

何处可得历史的口令

答一句颠倒，明几许心迹

　　　一个时代就这样结束了

　　　　　竟没留下最后的体面

举肃宗皇帝问忠国师："百年后所须何物？"国师云："与老僧作个无缝塔。"帝曰："请师塔样。"国师良久云："会么？"帝云："不会。"国师云："吾有付法弟子耽源，却谙此事。请诏问之。"国师迁化后，帝诏耽源，问此意如何？源云："湘之南，潭之北。中有黄金充一国。无影树下合同船，琉璃殿上无知识。"

国师塔样

无缝塔即无弦琴。世上所无，心中所有。心琴一具，奏无上清音。心塔一尊，得无上清凉。更于何处觅三觅四？国师有心，帝王不会。国师欲以心传心，以心法付之，故曰：会么。然而帝不能契，硬着头皮曰不会。国师欲再待机而启，乃托帝诏弟子耽源询之。耽源也是个作家，言"湘之南，潭之北"。众所周知湘潭本为一地，湘之南是乌有之地，潭之北也是乌有之地。以此再传心法。又恐帝王不会，乃言，"中有黄金充一国"。黄金指佛性，佛性遍三千大千世界。识得佛性，即识得本心。发明本心，即发明佛性。于此，则"无影树下合同船，琉璃殿上无知识。"无影树，一无也；树下船，二无也；无知识，三无也。这是个什么地方？黄金国。也就是佛国。悟得妙明真心，即到佛国境地。要将现实逻辑粉碎，所见所思皆在感官束缚之中，若不能打破这等尘劳思维，则佛国不现，为现实所困。佛性佛法，需悟得现实所无，心中所有，则几可进阶矣。此是切断思维意识之门径。

忠国师即南阳慧忠禅师，在邓州白崖山住庵，四十余年不下山，道行闻于帝里。上元二年敕中使，诏入内，待以师礼，甚敬重之。

肃宗、代宗，皆玄宗之子孙。为太子时，常爱参禅。为国有巨盗，玄宗遂幸蜀。唐本都长安，为安禄山僭据，后都洛阳，肃宗摄政。及代宗临御，复延止光宅寺，十有六载，随机说法，至大历十年迁化。肃宗皇帝即李亨，756-762年在位，据《宋高僧传》卷九记载，慧忠死于大历十年（775），此时非肃宗朝，而为代宗（李豫）朝，所以"肃宗皇帝"应是"代宗皇帝"的误载。

耽源名应真，在国师处作侍者，后住吉州耽源寺。耽源也是个狠人，言重、性恶，不可犯。时仰山来参耽源，住不得。再返。仰山问耽源："（无绳无索，）如何出得井中人？"耽源曰："咄！痴汉，谁在井中？"仰山不契，后问沩山，山乃呼仰山名："慧寂。"仰山应诺，沩云："出了也。"仰山因此大悟，云："我在耽源处得体，沩山处得用"。这一段关节甚大。仰山接法，于耽源处得体，于沩山处得用。仰山思无绳无索，如何出井。其思维意识，已陷绝境，确乎出不得。此大费脑力周章之故。耽源接人，"咄"，震醒仰山。谁在井中，意指无人缚你，自缚而已。原无迷情，自寻烦恼。此是大脑作意，徒费心机。此井乃思维意识的陷阱。后得沩山一唤，仰山一诺，即从思维意识的陷阱中拨出。如噩梦初醒，方得大悟。

肃宗、代宗，如同梁武帝，虽则勤勉，未能见道，始终虚应，未得实证，只是个捕风捉影的汉子。着实可惜。贵为世间王者，若不能勘破此等流转迁变，知其不能常驻，则行事必为大脑所缚，如此一来，嗜欲必深而天机必浅，此世间绕人之态。何时能得松快松快？

倒不如一位外道问佛："不问有言，不问无言。"世尊良久，外道礼拜。赞叹曰："世尊大慈大悲，开我迷云，令我得入。"及外道去后，阿难问佛："外道有何所证？而言得入。"世尊云："如世良马，见鞭影而行。"此外道得心法所付，世尊并无一言，而全付所有。与其说是世尊所付，不如说是外道自悟证得。

所谓心法，实无一法可传。己之所有，未能发明。如何发明？借你一支"无火牌"打火机。自家香烟，自家燃得。

我是你的一个妄想
我们相互成全，或辜负

桃李不知人世的玄学
依旧次第开花结果

苍蝇飞进半开的书页
它原也是一个血肉之躯

云中飘来一座无缝塔
多少英雄死于狂禅

湘水之南潭州之北
笼子扑向所有的鸟儿

虚空落地，柏树子成佛
我已经见过了万物

我是

举俱胝和尚，凡有所问，只竖一指。

019

俱胝一指

前有云门的"对一说""倒一说"。在一字上做文章。今有俱胝和尚，凡有所问，也只竖一指，同样是在"一"上做文章。缘何？只因佛法不可说，会者自会，悟者自悟。不会不悟，绕是老僧嚼断舌头，也仍只是个门外痴汉。

禅宗的心法，在于见机拨弄。前提是对方必须到了这个机。时机来临，稍一拨弄，生命便发生大翻转。此为彻悟。此为投契。此为慧命。因此，云门的拨簧是一字教，常用一字来拨弄。而俱胝的拨簧就是一指禅。竖一指来捅破窗户纸，放进大光明来。教法各异，婆心相同。灯具各异，电流相同。器量各异，法性相同。此遍满大千世界，通体鎏金，金刚不坏。须知法性长存，不生不灭。分段生死，只此肉身。肉身是现象，法性是本体。现象各异，本体相同。悟到本体，即得大自在、长相知。

俱胝和尚，也是个妙僧，唐代金华人。曾受一尼僧刺激，遂发愤寻开悟之学。此尼寻来，也不脱笠帽，绕他三圈，言：你说得出所以然，我就脱笠。俱胝道不出。天势将晚，于是留她。尼言：道得出即宿。俱胝仍无言以对。尼乃去。俱胝叹曰："我虽处丈夫之形，而无丈夫之气。"拟弃庵四处参学。次日，天龙和尚来访，遂对其尽叙前事。天龙和尚竖一指而示之。俱胝遂大悟。于是便有这一过节：后来凡有所问，只竖一指。

所以说，开悟虽难，和尚好当。竖一指可也，言一字可也，棒喝可也，吃茶去可也。为什么？悟入者见机即可悟入，听到一个声音、摔碎一个碗、打断一句话、天上云流、树上花开，万物皆是悟入契机，即便上师没有开悟，也不妨碍徒弟走向开悟之途。高明的上师，心知肚明，固然可以加快这一过程，使之变得易简；糊涂的上师，知其然而不知其所以然，照猫画虎，也同样是一个好的教练。若是碰上骗子，为了自己的权力和利益，让徒弟奉献和牺牲，那就惨了，沉没成本太高。不过这也是有判断的方法：依法不依人。人法一致，则是人天之法师；人大于法，则是人天之欲师。因此，如若让他人成为利己的工具，而不是让他人自我完善，即便打着高尚的旗号，利益众生或是护法传教，以此来巩固甚至扩张自己的权力和地位，这和开公司、营造一个组织机构并没有多大区别。若上师能舍，舍名、舍利、舍物、舍己，则几无大过。否则，教他人舍而自己得，这便成了特权阶级。认识到"权力"和"主体"的重要性，对此保持警惕，则是现代宗教要革新之处。否则，教法越学越愚昧。被利用的善良是一种愚昧，用教理而言：才离贪嗔，又入痴道。歧路多，行路难，学人自须发明本心，他信则迷，自信即佛。

　　俱胝是否真的开悟，大值得怀疑。倒不如之前香林和尚言："四十年来方打成一片"。此话更值得信服。若竖一根指头，便能以悟师自居，开示接人。禅林即便能服，儒生则群起而攻之。此正是禅宗法弊。法虽简易，心印虽能传，但真真假假、虚虚实实、作意弄人之处也多如牛毛。至于和尚大字不识，托请儒生写好偈子，以便圆寂时示人，此举历史上多得是。而门徒又免不了高推师门、夸大示人、张举势力，实则是权力荣耀的世俗化象征，如何能服人？故此，在理性精神与超越理性逻辑的玄学精神之间，必定有个缓冲地带和拉锯地带。而这，正是天人之际、可控与失控之际、反复争论之际。信者，不必全盘皆信；疑者，不必全盘否定。宗教改革家，则可以明斯理、续斯道、会斯心。而一般信众，最好还是：第一、不加入任何宗教组织，凡有组织，就有权力的控制，就有人身的不自由，此不利于修行；第二、务必选择一个好老师跟随，要长时间考察一位老师，至少用三到五年的时间考察；第三、一旦考察成功，则要全身心地投入，全然信任老师，此时，方可交出自己的权力，就像孩子依赖父母，此时，自己会产生强大的信心与愿力，这是一个用权力换愿力的过程；第四、考察自己的身心变化，考察自我完善的变化，今日之我已非昨日之我，但不要与其他学者进行横向比较，否则，又陷入世俗化的模式。以上种种，确有次第。否则，这人说的也对，那人说的也有道理，最后，自己仍是一团乱麻。大脑沟回，麻三斤。

　　然而这则故事显示，俱胝确实有些手段。庵中有个童子学他，示人以竖指。当然，不以竖中指为妙。俱胝得知，以刀断其指。童子负痛而走。俱胝唤之，童子回头，俱胝却又竖起指头。此时，童子豁然解悟。俱胝切断手指，不过是切断思维。思维笼罩，天日则不现。思维切断，天日得现。吃痛之际，正是拨云见日之机。俱胝一声唤一举指，则童子良知良能发动，先天之机发动，自然豁解。今人自是不可能如此虐童。但道理是这个道理。故须论心不论迹。否则，若以迹印心，则多少指头断掉，天底下愚夫还是一样多。

　　这一段话可谨记，见于原典之评唱："尔若用作指头会。决定不见古人意。这般禅易参。只是难会。如今人才问着。也竖指竖拳。只是弄精魂。也须是彻骨彻髓。见透始得。"

　　一指禅易参，只是难会。好上手，不好下手。敢问：切指时，是哪里作痛？

一头

一头狮子里有百亿狮子　一朵花开，　宇宙都会醒来

天有一个声音，谁能听见　词语破碎处圣人无情

这世界只配那竖起的中指　时间在指上匆匆流逝

陆地次第沉没，汝有何说　他把一根浮木投进沧海

今日五星连成一串珠子　十万贼兵围城，　但念般若

四面八方都是痛哭声　人世比着惨，　飞鸟相与还

原典

举龙牙问翠微："如何是祖师西来意？"微云："与我过禅板来。"牙过禅板与翠微，微接得便打。牙云："打即任打，要且无祖师西来意。"牙又问临济："如何是祖师西来意？"济云："与我过蒲团来。"牙取蒲团过与临济，济接得便打。牙云："打即任打，要且无祖师西来意。"

赳赳评弹

翠微过板

这节所讲，实在是不能成其为公案。料想是传抄所损之故。此段故事并不完整。只是龙牙悟道前的一段记录。龙牙四处参禅，如何是祖师西来意。翠微用禅板打，临济用蒲团打。龙牙与打不相契，故说：要打便打好了，你这里没有祖师西来意。

如果到这儿就完了，这则公案仅仅是一个开头。后面的精彩呢？在《五灯会元》中有载。龙牙又去找洞山，问："如何是祖师西来意？"洞山说："待洞水逆流，即向汝道。"等山洞的水往上流时，我跟你说。这才是公案，这才是禅机发露。龙牙顿时有醒。

在碧岩录的评唱中，则记载了另外一个故事。龙牙未悟时，参德山，问："学人仗莫邪剑，拟取师头时如何？"德山引颈说，给。牙云："师头落地。"山微笑便休，去。龙牙参洞山时，说了这个故事。洞山问，他说了什么？牙云："他无语。"洞山云："莫道无语，且试将德山落的头呈似老僧看。"洞山问龙牙要德山落的头看，龙牙拿不出，当下有醒。

这两个后续，都比原典中的对话精彩。不妨当作两个开放式的结尾来看。方才美妙。公案读多了，也会变成"知障"，这就是"套路化"，似乎有规律可循。当问答变成了套路，就和接引学人开悟无关了，变成了自动复读机。仍然落入第二义，落入思维模式。公案不是用来学习的，一旦学习，掌握了其规律技巧，公案也就失效了。拳打、棒喝也是如此，棒和喝本来是对知障的解放，去除知识的束缚，可是一旦成为法门、成为礼法、成为规矩，其副作用便大于作用，也无助于接引学人，因此棒与喝的做派也会渐渐失传、流于形式。

龙牙之所以对"打"无动于衷，盖由于棒、喝已蔚然成风，对他已不起作用，于是"打即任打"，你这里没有我要的答案，心下仍是不服。这虽是五代、宋初，禅法虽盛，但已现后继乏力之象。每天多少和尚坐禅、行香，但仍是痴痴地过。

好在龙牙与洞山相契，洞山以言启之，胜过棒喝。龙牙悟后，有僧问他："如何是祖师西来意？"龙牙云："待石乌龟解语即向汝道。"僧曰："石乌龟解语也。"龙牙曰："向道者道什么？"龙牙此语，等石乌龟能听懂时，我给你讲。等水倒流时，我给你讲。一个规律。这当然是他跟老师洞山学的。但不妨僧跟一句：石乌龟解语也。如果你没有开悟，恐怕一问不倒，二问就得倒了。龙牙确确是开悟了，他言：向说者说什么呢。有什么可说的呢。石乌龟既然解语，它跟我说什么了吗。

一言契入思维的裂缝，使思维停顿在那里、卡顿在那里。让思维的发动机熄火。这就是禅宗的妙处。当思维不再起作用，便能深深体会到万物一体的宁静，那是意识最深邃的地方。无言。无世间。无出世间。

且看后来龙牙妙用。有僧问："祖佛还有谩人之心也无？"龙牙曰："汝道江湖还有碍人之心也无？江湖虽无碍人之心，为时人过不得。江湖成碍人去，不得道江湖不碍人。祖佛虽无谩人之心，为时人透不得。祖佛成谩人去，不得道祖佛不谩人。若透得祖佛过，此人过却祖佛。若也如是，始体得佛祖意，方与向上人同。如未透得，但学佛学祖，则万劫无有出期。"

僧问：佛祖瞒不瞒人？龙牙答，江湖阻不阻人？江湖虽不阻人，但你过不去，它就阻人，不能说江湖不阻人。佛祖虽然不瞒人，但你要弄不懂，他就成瞒人的人了，不能说佛祖不瞒人。你要是弄得透，始知他不瞒，你要弄不透，万劫无有出期。

可设一喻：鸟可以飞向它的山，苍蝇却飞不过玻璃。

再设一喻：公案如山，玻璃山。鸟又如何？

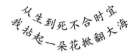
我怀小志向，无以名目
有意无意都是浮云

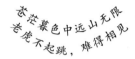
从生到死不合时宜
我拈起一朵花掀翻大海

苍茫暮色中远山无限
老虎不起跳，难得相见

九世纪祖师飞来的棒子
重重砸在我的头上

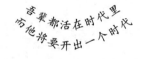
我写下一卷诗，仿佛沙砾
没有开始也没有结束

吾辈都活在时代里
而他将要开出一个时代

我怀

原典　举僧问智门："莲花未出水时如何？"智门云："莲花。"僧云："出水后如何？"门云："荷叶。"

021

赳赳评弹

智门莲花

智门和尚又出场了，他是云门中兴的一代宗师。云门传四川香林，香林传随州智门，智门传雪窦。之前说道，一问一答，问是有疑，答是治疑。问是求医，答是开方。禅宗答问，病症各异，药方自是不同，故此开机说教，对治疑情，自有妙笔奇语。有时荡开一笔，如同拨云见日；有时老实作答，如同拉回现实。见师作答，可知弟之病症。此反观公案之法。

此僧什么病？僧有疑情，莲花未出水时如何？他在悟什么，在悟佛性未露时如何，佛性未露时还是佛性吗。智门见其七想八想，拉回现实：莲花未出水时还是莲花。人在未成佛之前也是佛。人人都是未来佛。佛性自在人心。

僧又抛出寻思已久的问题：那出水后呢。出水后又如何。佛性已露之后呢，开悟之后呢，莲花还是莲花吗。实在来说，智门此时如何答都是对的，他即便再答"莲花"也没问题。他可以任意所指：波光粼粼。鸭子飞去。倒影映月。如此等等。但智门老实作答：荷叶。

可见，僧的病症正在于求玄意远，已

经有失控的危险，因此智门把他拉回现实，所见即所得：荷叶。你不要思想跑马跑得太远了，道不在远方，就在眼前。道不是超现实，就是现实。对老实人要说放荡话，对放荡人要说老实话，如此交错，方能疑情平复，无有他虑。思维相摩，意欲相加，毁得多少英雄志气汉。勿忘勿助，不偏不倚，方能任运独立，高山行得，深海行得。否则，陷入思维魔障，幻影重重，死无葬身之地。

佛性是第一义，回到佛性。开悟是解脱生死的根本法门，回到开悟。若不了佛性，未免头上安头，以为有得，实际上已差错甚过。若了佛性，未免全无所用，如此平凡，并不能改写现实，日子还得照样过。

但有些东西变了，内心洋洋洒洒、暖暖融融，获得大自在。不受五蕴内炽之苦、不为疑情惑意所障。近者悦、远者来。此之为四方风动。舒畅一时，即在佛性一时。舒畅一生，即是我佛本尊。

智门弟子雪窦禅师作诗云："莲花荷叶报君知，出水何如未出时？江北江南问王老，一狐疑了一狐疑。"（王老，即南泉普愿禅师，曾斩猫示意。）

这里奉送一枚彩蛋。僧问智门："如何是般若体。"智门云："蚌含明月。"僧云："如何是般若用。"智门云："兔子怀胎。"如此正是：情景有二，体用一般。

莲花

莲花未出水也是莲花
我寻第一句，上天入地

　　　　　存在即此在，出门便见道
　　　　　　你带来一个太平时节

记忆藏大海，意动浪起
风吹过坐断千古言语

　　　　　　过去未来只就一件事
　　　　　此心若深潭，不拒亦不迎

江南江北，眼前有景道得
他伸出一指挑起日月

　　　　　山河大地我全都执着
　　　　　还有阳光下的有情生命

举雪峰示众云："南山有一条鳖鼻蛇，汝等诸人切须好看。"长庆云："今日堂中，大有人丧身失命。"僧举似玄沙，玄沙云："须是棱兄始得。虽然如此，我即不恁么。"僧云："和尚作么生？"玄沙云："用南山作什么？"云门以拄杖撺向雪峰面前，作怕势。

雪峰看蛇

雪峰即雪峰义存。其嗣法弟子有云门文偃、玄沙师备、长庆慧稜、鼓山神晏、保福从展等人，以云门文偃最为著名，乃云门宗之祖；而玄沙师备再传弟子法眼文益创法眼宗；长庆慧稜是怡山西禅寺第四代住持；鼓山神晏是福州鼓山涌泉寺开山祖师。故雪峰为开二宗之祖。

雪峰老祖，道行高妙。开堂示众，说法玄绝。以南山毒蛇，喻道心难收拾。道心难拾，皆因心毒未拨。道心若拾，则蛇变毒龙，天地重开。故须好生看护，各自体己，持如心痛，惺惺皆然。长庆悟得，故言：今天堂上得闻此句，即遭蛇咬，旧命已丧。此是长庆，身领法语，无比受用。玄沙听闻，知是长庆师兄领受，而他自有其他法悟。玄沙言，我若在，会问老师，你言南山有什么用。以此截断师之言语，重开理路，不复旧埋。最险则是云门，作势欲扑老师，拄杖撑起，却又现害怕之相。此是悟得言语道断，机随形起，欲扑？又怕？思维撞车，跌于粉碎。高级。高级。重启。重启。

此段公案，意蕴深远。展示修行三

次第。或有人问，顿悟可有次第？顿悟虽无次第，如灯点燃，燃就是燃，不存在渐渐点燃。然而悟后起修，一灯可明斯室，一灯可明广庭，一灯可明长河。灯有明暗，故有次第。室灯如长庆，言语当下受用；庭灯如玄沙，却有言语相讥；河灯如云门，不落言语身两边，长河照尽彻夜寒。善哉。善哉。

长庆如遭蛇咬，痛彻心扉，此心震动。玄沙知蛇无处不在，岂南山所有，见地高明，现宗师之象；云门行为高迈，以身示蛇、人二象，不落言语道诠，有运斤成风之手段，光芒最盛。

公案读到此处，方知佛不欺我，祖师不欺我。外道多有猜忌，轻率解读，江湖漫议，实是有所待而无所得。故此，老实读公案，不老实读公案，将公案读为私案，摭己可得。

此修行三次第，即一、当下受用；即二、当下反诘；即三、当下行动。概为：即知、即言、即行。知言行合一则知行合一，打成一片，运斤成风，如入化境。雪峰以一摄三；师门以三合一。故修行者便知：修行者，修知、修言、修行而已。知则灯亮于一室，言则灯亮于一庭，行则灯亮于一河。此修行次第，明者自悟于心，当为灵犀；愚者暂寄于胸，可除烦闷。

七寸已现，还不动手？

意义

意义险峻中求，开悟亦然
南山有大蛇把住要关

芬芳的妖意朝暮化云雨
青青少年读过小艳诗

言辞果真从胸襟中流出
白骨也可再生起肌肤

神识不滞，毒信如闪电
三千里外取一枚头颅

七个蒲团坐破，还是黑暗
何如此刻把帘布掀开

他斩蛇起义，突万千重围
我养浩然气守一方天地

原典 举保福、长庆游山次，福以手指云："只这里便是妙峰顶。"庆云："是则是，可惜许。"后举似镜清，清云："若不是孙公，便见髑髅遍野。"

023

100-101

保福游山

这一原典，须先将雪窦颂古百则中的窜入拿走，方见真容。保福、长庆、镜清皆是雪峰法嗣，三位道友，形影不离，共参同证，可谓是见机得法，妙用无穷。

《华严经·入法界品》中，载有善财童子于妙峰山顶上向德云比丘请示菩萨行之典故。在禅林用"妙峰"一词形容超绝一切言语、思维、情识分别之绝对境界，即指本分安住之处，称为妙峰孤顶、妙峰顶、孤峰顶上。

如何是妙峰孤顶？保福、长庆游山，保福当下指得，妙峰顶不在别处，就在眼前。保福此指，在于明心，只这里便是。心开便见。如此平凡，如此庄严。

叹多少人妙峰顶现前而不知，庆云因此说，是则是，可惜了。此正是修行之弊，未悟者以为另有一个妙峰顶，以为另有一个西天，以为另有一个须弥山。实则彼即在此。见此知彼。彼此一如。吾心安处，即是吾乡，即是仙乡，即是乌有乡。识得此等化境，方到变化边沿。方入本体洞门。

后有人以此对话请教镜清，镜清知意，

更是感叹：若不是孙公，孙为庆云俗姓，僧人尽习死人禅，骷髅遍野，也未有一个入处。

入得本体，到见性处，方知合一之妙。"如眼不自见。耳不自闻。指不自触。如刀不自割。火不自烧。水不自洗。"（圆悟克勤评唱语）如如不动，大千遍一。

此原典中之三人，有一唱三叹之妙。保福一叹：就这里便是妙峰顶啊。庆云二叹：是的是的，可惜知道的人少啊。镜清三叹：庆云说的好啊，修行人修个毛啊。大意如此。

因是悟道后语，此三人未有机锋相接，平淡如水。但未悟者若不解读，依然一头雾水。雪窦在《颂古百则》中，插嘴说："今日共这汉游山，图个什么？"又言："百千年后不道无，只是少。"雪窦所言，游山之意，正在点明妙峰孤顶现前。他所言，不道无、只是少，正是对应长庆所说"可惜许"，百千年后，像长庆这样的人是稀少的，能悟道的人是稀少的。可恨雪窦，将简单的事弄复杂了，这就是禅宗公案作解、作注之弊端，原本简易，又趋庞杂。学术研究，万勿头上安头，只需删繁就简。直取义理，方称顿悟。此万人阵中取首级之举。故雪窦引入文字禅，知他罪他，皆由之他。也却不妨看他为之一颂："妙峰孤顶草离离，拈得分明付与谁；不是孙公辨端的，髑髅着地几人知。"

野草

野草离离，爬上妙高峰顶
　　白骨草丛里沉思来生

一切过往皆不容商量
　　彼时无英雄，使竖子成名

三千年变局正演得火热
　　今春桃花只开了两分

他把一副好牌打得稀烂
　　大地茫茫愁杀眼前人

眼如可自见，耳使可自闻
　　世界的创伤不必负责

当下只是一根干屎橛
　　一说就俗，我手起刀落

举刘铁磨到沩山，山云："老牸牛，汝来也。"磨云："来日台山大会斋，和尚还去么？"沩山放身卧。磨便出去。

刘铁会斋

此一公案，关节在于距离。刘铁磨离沩山不过十里，居卓庵。而台山离沩山则有数千里之隔。这天，尼僧刘铁磨来访沩山。沩山说：老母牛，你来了。铁磨说，明天在台山有斋事大会，你还去不。沩山倒头便卧。刘铁磨就回去了。

不妨作一个猜测，沩山倒头便卧，就是要去台山参加大会斋。那他怎么去呢？当然是神游，神识过去。毕竟有数千里，这时倒头便卧，紧赶慢赶，料必是能赶到的吧。睡遁而去。功力毕竟有限，不能说咻的一声就过去了。总之，这里是展露了一点点神通。至于真实性，由它去吧。最重要的宗教体验，多多少少都和真真假假的匪夷所思的事情有关。关键是产生信念，产生信念就有力量，就获受用。至于是否能白日飞升，具有他心通或遁地术，倒不如气功师、魔术师的障眼法来得更让人讶异。

沩山唤刘铁磨为老母牛，也是有迹可寻的。他曾经自言，我百年之后，到山下百姓家，当一头水牛。左胁下刻五个字：沩山僧某某。可见，他自认为：唤作沩山僧，即是唤作水牯牛。也因此，他看刘铁磨，即是一头老母牛。此见解超越名相，实乃慈悲。做牛做马，还债还业。如此方身轻体安，行为踏实，心中自由。

尼僧铁磨，也已见道。故此来通知沩山法会。沩山心知肚明，当下即现卧身相。铁磨也心知肚明，事机已忖，于是便走。像不像两个间谍，搞了一个接头暗号？未悟者能看得一头雾水。

论迹，二人如羚羊挂角，指东打西。论心，二人自己调侃戏谑，他人未解。

如强做知解，此事便麻烦了。一陷思维迷障，便百口莫辩。为什么要说老母牛？为什么要说台山斋会？为什么要放身便卧？有一个僧就拿这个话头问风穴和尚。风穴和尚处于自嗨状态，也不管对方懂不懂。僧问，如何是老母牛，他答："白云深处金龙跃。"僧问，如何是台山斋会，他答："碧波心里玉兔惊。"僧问，如何是放身便卧，他答："老倒疏慵无事日，闲眠高卧对青山。"

风穴和尚显然对放身便卧的理解不一样，他认为放身便卧，恰恰是无事可牵挂之举。何事能抵一场大梦？这种知解，我们也不好说对不对，总之，没有误解，便没有禅。然而还是雪窦看懂了。他所作颂之中，有此两句："犹握金鞭问归客，夜深谁共御街行。"可见，他还给出了相关情景，刘铁磨应该是连夜上山通知沩山和尚的，而且她自己要去参加斋会。故此有"犹握金鞭"之句，"夜深共行"之句。

公案最后一句：磨便出去。——大抵如此断句更好：磨便出，去。那么，台山斋会见吧。

顺便考证一下：台山应指五台山。有例为证：有僧游五台，问一婆子："台山路向什么处去？"婆子云："蓦直恁么去。"见于《五灯会元》。从湖南沩山到山西五台，手机显示距离是 1460 公里。然而，距沩山 25 公里处尚有一个三台山。另外，距沩山 32 公里处还有天台山。此台山所指，会不会是三台山或天台山？恐怕，这只能是一个谜了。

高 高

高高峰顶立，深深海底行
诗人自有诗人的风景

大唐国打鼓，新罗国起舞
我们共同看过一次落日

你走向潇湘，我奔赴秦关
华林遍地都是凄凉雾

呼牛我也应，呼马我也应
锋芒全为你一一收起

生不知来处，死不知去处
万里长作客不如归家

第一机错过，我偃息干戈
打开六经替苍山辩护

举莲花峰庵主，拈拄杖示众云："古人到这里，为什么不肯住？"众无语。自代云："为他途路不得力。"复云："毕竟如何？"又自代云："楖栗横担不顾人，直入千峰万峰去。"

莲花拄杖

此典需与《五灯会元》、《指月录》会同发明方可。此庵主可有名？无名？查证得之，其留名为"莲花峰祥庵主"。祥庵主得谁之法？得旨于奉先深禅师。奉先深得旨于云门。莲花峰位于何处？一说是庐山，一说是天台山。而山称天台者，神州大地不知几许。

综会几家资料，这莲花峰祥庵主二十年来常拈拄杖示众："古人到这里，为什么不肯住？"惜乎无人理会得了。所拿拄杖，不过是"一橛"。此一棒子，偏偏不曾打人，不曾棒也不曾喝。其教法简易，只是一个问题：古人于此，为何不住。住即陷入定境，不住即陷入无定境。住还是不住？快道快道。毕竟没有一个人道得出。资料中未曾记载，祥庵主有法嗣。倒是他听说一个和尚的事迹后，言"云门儿孙今犹在"。事迹如下：

某日，有僧说泗州大圣近日在扬州出现。另有一僧设问："既是泗州大圣，为甚么却向扬州出现？"晓聪曰："君子爱财，取之以道。"此语一出，满堂僧众报以会心一笑。其后，有僧向天台山莲花峰祥庵主说知此事，主大惊，曰："云门儿孙犹在。"中夜时分，祥庵主遥望云居山虔心礼拜。经祥庵主如此赞誉推崇，晓聪因之名重丛林。洞山晓聪禅师为云门宗第四代传人，后光大云门，甚为得力，接引方家无数。也可以说，洞山晓聪曾受惠于祥庵主。

二十年来众无语，祥庵主遂自问自答：为他路途不得力。弥合问题，复归平常，指出参禅毛病：路途不得力。住即不对，不住亦不对。祥庵主偏要预设一问题陷阱：古人到这里，为什么不肯住？这个问题也可以是这样：古人到这里，为什么住？这个问题还可以是这样：古人到这里，住还是不住？此三个问题，原是同一个问题，惟有识者不被欺瞒。古人到这里，若住，即在识者思维意识中住，即落思维意识，故古人必不肯住。此一千古迷案，多少人反复参，结果多少古人住进自己的大脑中去。怪只怪路途不得力。怪只怪参禅却被禅参。怪只怪歧路无它，惟识过盛。识若过盛，即成内炽。今天的心理学家将之称为"自我意识过剩"。想七想八想多了。刚放下外物，又拾起内识。如何才能直心作道？刚八风不动，不为物役；又反求诸己，便成心役，怎样才能心下痛快？

可怜祥庵主，二十年来无人识。这段公案掉了一句很重要的话："言毕而逝。"他留下一句偈子就示寂了。他又来了个自问自答。毕竟如何。既然不住，最终怎样。这个偈子真是好啊："椰栗横担不顾人，直入千峰万峰去。"柱杖由栗木所制，横担而去，如入无人之境，只取一念不生之意。直入千山万山，消融入无念无情之中去。此偈语真个是一念不生、遁入空寂。言毕而逝。如己之写照。

祥庵主用其一生，完成了这个写照。这个句子，就是他的整体人格闪现、整个生命辉耀。

云门群星，有庵主一颗。中夜时分，朗照天际。何不合掌礼赞，颂此古人，永住我心。

我从

我从何而来向何而去
柱杖子没有任何消息

千峰万峰留不住诗意
石头的惶恐浩荡无边

眼睛要住下一片灵山
耳朵就涌入万顷沧海

时代的脑后处处见腮
我守着寒岩莫与往来

流水茫茫，落花纷纷
英雄美人皆满面尘垢

汝看黑是黑看白是白
虚空里打进一根钉子

举僧问百丈："如何是奇特事？"丈云："独坐大雄峰。"僧礼拜，丈便打。

百丈独坐

此僧好奇，故问奇事。百丈回答：独坐大雄峰。见僧要坠入义解，百丈便打。看来好奇招打，好奇害死猫，也害了僧。也不知禅教名僧这么喝来棒去，自己累不累。会不会导致招不到徒弟。当世连"工匠精神"都稀有，更不用说"找打精神"了。

禅宗陷入悖论，立文字，则道远；离文字，则道湮。但禅宗其趣旨，恰又在不立不离、勿忘勿助之间。该离文字远点，其教法则棒来喝去、担柴倒水。该离文字近点，则说法写偈，引经据典。参话头倒是个密法，最好是话头也没有，一个眼神，就表情达意了，今晚三更，偷偷幽会，是谓神交。看一眼，信息量巨大，再见上一面，密法已付。双方心心相印，完成历史交接，就此宗祖相传，灯火已燃。变态到毫无仪式感，变态到令他人全然挫败，觉得思想水平不在一个空间维度。

"心法"有法吗，上师能教吗。"心"是无相无形的，无可捉摸的。凡是捉摸到的，都已不能称之为"心"。所以，心即性，性即体。心性即佛性，即心是佛。当你能体会到了，你能受用，这便是"法"。所以法是用。通体受用，即通体是法。一时受用，即一时得法。故此身若悟，便是法身。此身未悟，还是业身、报身。心为体，法为用。然而，法却不可传。可传非法。法只能启，而不能传。所谓传法、受法，只是恭维关系，并非实质。实无一法可说，这是真法。实无一法可传，这是真传。有形、有质，尚能传递，有思有识，亦能传授。无念、无相、无执，如何传递、传授？非师能授，非师能渡，惟人自熟，惟人自渡。

故从来都不是弟子找老师，而是老师找弟子。老师能看出哪个弟子快熟了，轻轻推一下，瓜熟蒂落，顿时开悟。至于六祖慧能扁担一放，跑去找五祖弘忍开光、找神秀碰瓷，那不过是天命一到，不要在基层锻炼了，抓紧时间走程序、好有说法而已。这些子故事，都是障眼法，让人生信心用的。信心本有，见缘即生，故信心也无须传。

心法不可传，无可传。自证自悟，有甚奇特？故我佛言"唯我独尊"，百丈言"独坐雄峰"。靠自己吧。杂念少一分，信念便多一分。信念多一分，便离全是信念近一分。全是信念时，信念恰恰无。全念即是无念，无念即是真如。

奈何此僧没有悟得此一章节，作势礼拜。百丈只得以打破其思障。然而，这都是虚张声势。有枣打三杆，无枣打三杆。你悟不悟，实乃你自家事。你若悟了，百丈来打，自然有应，我佛也束缚不得你。

不要

赵野唱词

不要此身会成哪一身
不生今世会在哪一世

　　　　夏虫听闻冬日的光景
　　　　苍山之巅亲近星辰

往昔儿女语，都作天人声
我挟诗艺欲颠倒乾坤

　　　　举头是残照，夕阳在西
　　　　满地鸡毛翻卷令旗

他 照 破 天 下 一 骑 绝 尘
汝 见 神 见 鬼 歧 路 悲 泣

　　　　如去如来如花落花开
　　　　马龙峰上万里无云

举僧问云门："树凋叶落时如何？"云门云："体露金风。"

云门金风

这则公案，大为有名。体露金风一语，天下皆知。参悟者知其意蕴无穷，不欲参悟者亦知其诗情哲意。

昨夜西风凋碧树，此时又如何？答曰体露金风。现在来看能翻几层境界。

第一层：叶凋而露体，露体而迎风。

第二层：通体露风具有凛然之气。

第三层：树体与雨露、金阳、秋风形成一个统一场。

第四层：本体既露，金风可用。体用一如。

第五层：金风玉露喜相逢，便胜却人间无数，此体知此情。

第六层：体露金风一语断截树凋叶落的话头。此时，树不凋叶不落。

第七层：树凋叶落是烦恼，体露金风是菩提。烦恼即菩提。

第八层：树凋叶落是生死轮回，体露金风是不生不灭。一语证入涅槃。

第九层：体为空相，风为空形，以空扫空，空无所空。

此九种境界，直如九层通天塔，通往虚空之最高处。若见地既明，还能翻转无穷，见机说法，圆融无碍。此正是云门禅的特点：一句中须具三句，函盖乾坤句，随波逐浪句，截断众流句。故历代教学都称：须会他举一明三，举三明一。

云门文偃禅师（公元864-949年），浙江嘉兴人，唐懿宗咸通五年出生。于睦州道踪处悟入，于雪峰义存处得法。又参学于灵树如敏八年。遂在岭南创立云门宗，使南禅在南方再度复兴，

《五灯会元》载其弟子机锋会语达 77 人之多。

一句体露金风，大可当话头去参。参它一年半载，必有所获。参话头的好处是不立文字，但又不离文字。最符合禅宗意旨。参至一句中义理无穷，则一句中全是自家心得，洋洋洒洒，快活至极。如焖米饭，烂熟于心。如起千江水，波浪滔天。如彩虹坠地，法眼得见。穿云穿雾，遮天蔽日，游心于物，无所束缚。此是话头参禅。

有人或问，悟为顿悟，为何参话头则要久久？悟可顿，功夫却不可顿，功夫要久久方能打成一片。参话头是功夫。功夫要时时做。悟前有悟前的功夫，悟后有悟后的功夫。以魔术为例，转到后面看，机关顿时明白。这个明白是顿时的。但自己要摆弄这个机关，却要久久功夫，方至纯熟，方能打成一片。所谓打成一片，即是进入自然境地，洒脱无碍，毫无窒滞。一个参字，本身就是话头。何谓参？参不是看，不是思，不是议，不是触，不是尝，不是听，不是闻。参是灵机发动，自动涌现，非己想，非人想，非天想，非非想，貌似自动生成，又似人天共运，实无一语言中，只得以"参"字姑且名之。

话头在专一而不在多，一个明了，再参下一个。其实一个即了，则个个俱了。一年参得一句话，胜读十年世上书。

树洞叶落的时候，唉
● 我梦想着文王，体露金风

树
洞

他一箭射穿星辰大海
● 众神在上，我认识那手艺

然后，一千次意外发生在
● 高原和平原，带着血酬

杂木堂前生，野鸟飞入朝
● 恣意升级暴力的浓度

黑暗降临，我们或因恐惧
● 而成为黑暗的一部分

疯狂的石榴树四处骏巡
● 今夜月似弯弓，刀斩碧空

举南泉参百丈涅槃和尚。丈问："从上诸圣，还有不为人说底法么？"泉云："有。"丈云："作么生是不为人说底法？"泉云："不是心。不是佛。不是物。"丈云："说了也。"泉云："某甲只恁么，和尚作么生。"丈云："我又不是大善知识，争知有说不说。"泉云："某甲不会。"丈云："我太杀为尔说了也。"

南泉不说

唐宋公案，近乎白话。因此对白话入文言的发展影响甚巨。既为白话，则不避方言俚语。只恁么，只这么。作么生，作么事。某甲，洒家。

此段公案，证得南泉在"道上"。所谓道上，半生不熟，正是夹生。如何是夹生？既非一无所知，亦非一所遍知。义理已有悟入，但只是人云亦云，自心尚未彻然。南泉这回参百丈涅槃。涅槃考他，自始以来诸佛，还有什么法没对人说么？南泉称有，以不是心、不是佛、不是物回答之。这话回得漂亮，如果是把禅宗当学问来考试，这个回答可以得满分。然而禅宗不在学不在修，而在实证实悟。会学无益，能证方休。涅槃和尚看出，南泉是一流的学者，尚未能成为一流的证者。然而是个好苗子，因此进一步启发他：如果说不是心、不是佛、不是物还没对人说，那你不是已说了么，既然你已说出来了，就不能说没有对人说。南泉这下栽了，被逼到言语尽头，"说似一物即不中"，只得老实相问：我只会这个，要是和尚你会怎么说。涅槃和尚说，我又不是高僧大德，怎知此法是未说已说、未尽已尽？南泉说，我不懂你的意思。涅槃和尚说，我已经为你说的太多了。

南泉一定很后悔，我要一开始就答"无"该多好啊。此同样会落和尚口实：既然说无，当你说出时岂不是有，有这个无。高手过招，出手击手，出脚击脚，直至对方动弹不得。和尚这一问句，旨在尽弃名相，破有破无，破空破执。最似一招象棋残局，战尽街头霸王。

然而，此公案仍有史料上的疑情待考。其一，百丈涅槃和尚素来被认为是百丈法正和尚，因其善解《涅槃经》而得名，存疑；其二，百丈法正和百丈惟正被认为是一个人，存疑；其三，若此公案为百丈法正，则法正是百丈怀海徒弟，而南泉普愿是百丈怀海同门，也就是百丈法正为南泉普愿晚辈，那么这则公案的真实性就大打折扣，故历来多有窜入修改，将公案改成百丈涅槃向南泉求教。

我更倾向于公案中的百丈涅槃是指百丈怀海和尚，如此则为师兄弟互参。宗教资料，流传中多有错讹脱漏之处，也不乏高推圣境之举。前者为流传之误，后者为信愿之力。殊不见儒家高推文王孔子，亦是信愿之力，实则当其世之时，亦是凡人普胎，意念想像加诸后世，滥觞既开，遂成圣境。故取精微而去芜伪，辨义理而滤假借，实为学术之要旨。

然亦需知晓，学术不是根本，智慧才是。学术还在激辩真假，智慧已了脱生死。

我
知

我知道窗外雨点的数目
用一生来游戏语言

雨中的圣人草鞋踏破
有道无道自己知道

我骑上白塔驰向苍山
除死之外还有大事

他五百年来面南看北斗
水清月现时飞鸟断头

荒野弹奏七弦琴，空中
钟作钟鸣鼓作鼓响

诗人要为这末法的时代
提振最后一口风云气

　举僧问大隋："劫火洞然，大千俱坏。未审这个坏不坏？"隋云："坏。"僧云："恁么则随他去也。"隋云："随他去。"

大隋劫火

但凡悟道，对机说法，如何说都对。别人说来轻飘，他说来隆重。说坏亦可，说不坏亦可。说随他去亦可，说不随他去亦可。大隋和尚即得这种法。莫生知解，勿要迷句。

有僧问大隋，举成、住、坏、空之理。教中有云：成住坏空、三灾劫起，坏至三禅天。那么"这个"坏不坏呢？这个是何个？这个若是不坏之佛性，则不坏也。这个若是坏之现象，则坏也。大隋说，坏。是因为离开现象则无佛性。佛性包含在一切现象中，佛性无生无灭，不坏不好，遍及善恶。大隋说坏，是说坏中含"这个"。僧问，那么就随它坏去了？大隋答，随它坏去吧。坏也随它去，不坏也随它去。此方是不立不离，真空妙有在化生之中。识得好坏，就识得这个。识得这个，说好说坏，皆对。不识得这个，说好说坏，皆不对。一法遍含一切法，何须思量寻烦恼。

此僧憨憨痴痴，甚是可爱，大隋不忍点破，便随他口说。知其未到熟成时，故无须示上等法要。虽说无示，其实已示，唯有等此机要者能明，故成为公案。此僧因不解，以此段示投子和尚，投子焚香礼拜，言有古佛出世，速回。僧回时，大隋已迁化。唐代僧人景遵题此典故说："一句随他语，千山走讷僧。"雪窦则颂称："可怜一句随他去，万里区区徒往还。"

知此典故，可见其是一句勘破生死之语。僧问，你这个身体坏不坏？大隋言，坏。僧问，坏了怎么办，随他去？大隋言，随他去。

常人畏死，则以死名之。圣人不畏死，则以归名之。生者流浪，死者归乡，夫复有何言？故且随他去。

大隋即大隋真如和尚，承嗣大安禅师。东川盐亭县人。昔年在沩山处作火头。一日沩山问，你在此数年，亦不见来问。大隋说，你要我问个什么。沩山说，你不会问如何是佛吗？大隋遂以手掩沩山口。沩山知其大事已了，说，你该找个地开堂说法了。大隋又下山卖茶卖了三年，才住大隋山说法。

后有僧问修山主（龙济绍修禅师）："劫火洞然大千俱坏，未审这个坏不坏。"山主云："不坏。"僧问："为什么不坏？"绍修说："为同于大千。"此又回到了开始所说，说坏亦对，说不坏亦对。说坏，说随他去，是解脱；说不坏，说不用随他去，是慈悲。子曰秋野曾有一句，可作转语："没有花世界，哪来佛心肠"。佛性同于大千，本体不离现象，佛心慈悲，永驻人间。

除了当下，一切都是好的

　　过去未来可以重塑

除
了

　　我不负时代，时代却负我

　　　我们都成国家的排泄物

　　　　梦做过头，劫火燃遍千山

　　　　　老吏笔底可有人生还

　　　　　神仙打架，菩萨挖坑

　　　　　　他留不下诗句死不得么

　　　　　左手举梧桐，右手举合欢

　　　　　　汝打量僭主像打量蝴蝶

　　　　　我们相互毁灭不遗余力

　　　　　　今日天阴，没有答案

举僧问赵州："承闻和尚亲见南泉，是否？"州云："镇州出大萝卜头。"

赵州萝卜

慧能传法怀让，怀让传法马祖，马祖传法南泉，南泉传法赵州。赵州居河北传法40年，遂将南禅北传。

赵州即赵州从谂(shěn)禅师，俗姓郝，山东菏泽。童稚之时，即孤介不群，厌于世乐。稍长即辞亲，落发出家。后听说池州南泉普愿禅师道化日隆，便前往参礼。

其时，赵州尚是沙弥。南泉禅师正卧身休息，问："近离什么处？"赵州道："瑞像院。"南泉又问："还见瑞像么？"赵州道："不见瑞像，只见卧如来。"南泉一听，翻身坐起，问道："汝是有主沙弥，无主沙弥？"赵州道："有主沙弥。"南泉问："那（哪）个是你主？"赵州于是上前躬身："仲冬严寒，伏惟和尚尊候万福。"

这段话不知是真是假，但特别像一个伶俐的小太监进宫答话的套路。两段奉承，令人不适。只见卧如来，自然是指南泉之卧。你有主吗，有主。哪个是你的主，眼前这个和尚万福。南泉心下自然受用，遂收他为弟子，并令维那僧将"此沙弥别处安排"。

若我是南泉，定然不喜欢这样拍马屁的高手。然而赵州的确是根器厉害，后来云游四方，到九十岁还在云游，参访禅宗高手，遍及南北各省。遂有此语："老僧九十年前见马祖大师下八十余员善知识，个个俱是作家。"不过他总算是八十岁时在河北赵州住寺了，但也拔腿说走就走，不为执念所系。

赵州是个利根，故此从小聪明伶俐。利根而又能矢志不渝、一门深入。故此成就乃大。他的开悟，始于一日面参南泉。他问："如何是道？"南泉答："平常心是道。"又问："还可趣向也无？"南泉答："拟向即乖。"赵州再问："不拟怎知是道？"南泉答："道不属知，不属不知。知是妄觉，不知是无记。若真达不疑之道，犹如太虚，廓然荡豁，岂可强是非邪？"赵州豁然有悟，于是跑去受具足戒。正式成为比丘。

此后，赵州甚得南泉器重，多有唱和。有一次两堂和尚争猫，南泉挥刀斩之。事后问赵州，你要在会怎么样，赵州把草鞋顶在头上走了。南泉感叹说，要是赵州在猫命就不会丢了。

又一次，赵州做饭，忽喊救火，然而却把门闭上。众僧无对。南泉抛钥匙入窗。赵州于是开门。

这师徒俩玩耍得甚是带劲。另有一次，赵州在南泉井楼上打水，见南泉经过，便抱柱悬脚，说："相救！相救！"南泉一边上扶梯，一边说："一二三四五。"赵州随后去谢礼："适来谢和尚相救。"

还有一次，赵州问南泉："异即不问，如何是类？"南泉以两手托地，猜测是在玩倒立。赵州上去便踏倒，赶紧遁去，连叫："悔！悔！"南泉令人去问："悔个什么？"赵州说："悔不更与两踏！"悔不该多踩两下。

这两师徒以心印心，亲密无碍，早已无礼教之缚。

多少人尊师重道，只是为一个礼字所缚，而不是真心真意所及。如果身上所系所缚早已无踪影，则人人能得快活意，能得大自在。只是何人能似这对师徒一样洒脱？

南泉和赵州的各种传说，早已为僧知晓，僧明知故问，想听赵州亲口讲述：听说和尚在南泉处得法，是吗？赵州说：镇州出大萝卜头。

镇州出大萝卜头，这是事实。镇州出的萝卜头最大、最好吃，这是自然的，也是必然的。个中滋味，得你自证自悟，自己消受。

其实，加一个"是否"的语气，此公案便明白起来。

——承闻和尚亲见南泉，是否？

——镇州出大萝卜头，是否？

言辞

言辞转动万物，我们身处
一个大悲剧却一无所觉

白日青天里，他梦中说梦
一个高古的绝对的萝卜

山坡上的麦子熟了吗
汝知哪棵是我的本来面目

长记江南三月，顽石点头
一莺一草都获得自由

他搁置死亡与自己争吵
我看到光，却看不清事物

始见桃花后，至今犹狐疑
蓼蓼虚空啊是有是无

举麻谷持锡到章敬，绕禅床三匝，振锡一下，卓然而立。敬云："是！是！"麻谷又到南泉，绕禅床三匝，振锡一下，卓然而立。泉云："不是！不是！"麻谷当时云："章敬道是，和尚为什么道不是？"泉云："章敬即是，是汝不是。此是风力所转，终成败坏。"

031

麻谷振锡

此是麻谷未悟时，若已悟时，道是亦是，道非亦是。没有一个不是是处。是其所是，于其所是。事物自如的体现。麻谷持锡振锡、绕床三匝，庄严卓立，不着一语，故章敬赞叹，连声称是。此表明章敬得法，知其所是，自是其是。然而麻谷只学得这一招，又上南泉处卖弄，当南泉说不是时，麻谷便露馅了。章敬说我对，你怎么说我不对呢。南泉说，章敬的是，是他的是，不是你的是。最后一句，可称紧要："风力所转，终成败坏"。凡事有流变，一而再，再而三，第一回对，不代表第二回、第三回就对了。此演示事物"成住坏空"之性。同样的，如来说法，亦有成住坏空之性。法有殊胜时，亦有法弊时，当法弊大于殊胜，便成末法时代。此也是风力所转，终成败坏。

未悟者，做事如同东施效颦，实难做到圆融无碍。可能也有工具箱，也知道有样学样，依样画瓢，然而却不懂天外来意、不懂信手拈来、不懂见机随机。未悟者，尚在思忖中，尚在求索中，因愚而生胆，非因慧而生胆。假若又愚蠢又胆大，不免闹出诸般粗俗的样貌笑话。自家尚不知趣：为什么同样的行径，别人做得，便称大师，我一般做得，便成小丑？旁观者兀自笑得更加厉害。这正是禅法的离奇之处，悟者怎样施展手段都对，未悟者如何作弄意图都不对。

如果麻谷当下豁然有醒，也是一条好汉。麻谷、章敬、南泉同奉马祖，后来个顶个都是响当当的人物。未知麻谷由何处悟入，但他后来大机大用，果然不同凡响。一次他访临济，问："大悲千手眼，哪个是正眼？"临济虽为孙辈，大方接应："大悲千手眼，作么生是正眼。快说，快说。"麻谷不答，将临济从座上拉下，自己坐上去。临济于是行礼："大师一向可好？"随即一喝，将麻谷拉下，自己坐回。麻谷转身走出。这一段机锋交错，二人没有胜负手，俱是高明作家。也可见麻谷得机用后，其手眼早已不似当年。麻谷即麻谷宝彻禅师，后住麻谷山得名。朝鲜无染禅师随他修习悟入，后在朝鲜半岛创立禅门九山的"圣住山派"。

某日一僧问麻谷："风性常住，无处不周。师为何摇扇？"

麻谷说："你只知风性常住，不知无处不周。"

僧问："作么生是无处不周的道理？"

麻谷摇扇来风。

僧作礼致谢。

僧或自忖高明，心下不服，为麻谷洞悉。

麻谷骂道："你这种没用处的僧人，就算有上一千个，又有何益？"

这个麻谷，已非那个麻谷了。假若他再次振锡而立，大地也得抖上三抖。

一页书打开，与时代抵牾

每个字上都站着好多人

一
页

我四处寻找善，却只发现恶

覆巢的燕子操天下的心

虚空给予诗歌明确的尺度

汝骑着风头一路向西

河流从来不曾生是生非

有意阻断我们的行脚

王朝成碎片，我披发左衽

收拾起那些灰烬的言辞

执念让秋气无地自容

如此轻慢这世界，我道歉

原典　举定上座问临济："如何是佛法大意？"济下禅床擒住，与一掌，便托开，定伫立。傍僧云："定上座何不礼拜？"定方礼拜，忽然大悟。

临济与掌

临济宗擅长打小鬼，谁是小鬼？小我即时，未悟前之我即时。直把捉得小鬼无处遁形，无路可逃，方知自身彻上彻下，有一个升级、重启的功夫。要想识得大体，需具大用手眼。临济一宗，大机大用，活人死人，真个是猛烈作法、激流勇截，全然不费思量。

年岁高者，出家二十年以上的和尚称为上座，有时也表示对和尚的尊称。这位人称定上座的和尚一定是参佛日久，修行精勤，谙熟将透，尚待一击。这日，趋前问临济，佛法大意究竟讲的是什么？临济不置可否，不发一言，下得禅床，擒住定和尚，给了他一掌。定和尚被托开，茫茫然伫立，一时不知自己置身于何处。此时正是思维顿消、束缚尽解之机，一旁的僧人提醒说：临济禅师已解答，还不赶紧礼拜。定和尚始得受用，通体彻悟。

如何是佛法大意？只能以行破知。若说佛法，即已乖离大意。所说越多，离大意越远。所说越深，越为思维意识所缚。故此，只能用行之力，破知之缚。行之力，常在一推一搡之中，常在一棒一喝之下。悟后再做平凡的人，依然是饥来吃饭困来眠，然而烦恼焦虑不再起，时时专注于每时每刻，心下坦然，不喜亦不惧。若说法喜禅悦，实无喜悦。若有喜悦，则有悲苦。逢喜不悦，逢悲不苦，此便是法喜，便是禅悦。此正是与喜悲同运时有个得力处。

临济即临济义玄学禅师。参黄檗不得其门而入，问"如何是佛法大意"，三次被黄檗一顿棍棒打出。睦州其时亦在黄檗座下，劝其接引，黄檗遂让临济去找大愚。大愚一语点醒梦中人，黄檗老婆心切，已尽教汝。临济于是有悟，身形言语暴涨。与大愚机锋过招时，连击三拳，此正是内心解脱之相，真猛虎出笼也。回到黄檗处，也是对师打喝交加，再次证得佛法大意。自此临济将军，响彻禅林。

这位定上座，向他人讲述临济家风时说：一日，临济示众："赤肉团上有一无位真人，常从汝诸人面门出入，未证据者看看。"时有僧问，临济擒住让说，僧待说，临济又推开，说："无位真人是什么干屎橛。"

一落思议，马上转语，此正是临济的真手段。时时提撕，不坠思维，如此发蒙，则必有一个悟入处。

这位定上座真也不是吃素的，一人问他："何不道非无位真人？"定和尚掐住他喉咙，你快说呀，你快说呀。那人快喘不过气来方罢手，定和尚嘴上继续启发："要不是两人相劝，我非窒杀你这个尿床鬼不可。"

好一个窒杀，必至思维无所依傍处，如此方有一番新天地。可惜，天下凡夫俗子，不过是尿床鬼而已，死死抓住自己的思维不放，以为大脑就是自己，不敢砍自己的头、革自己的命。从这个角度来讲，禅宗对于佛教，是有革命意义的；慧能的南禅又是一次革命；南禅到了棒喝阶段，又是一次革命。

革命者自革而已，不要想着革他人的命。革命者其命维新，自革则自新，自新则天下新。还有什么别的事吗。

无　限

　　无限的祖师阳光般
　　覆盖我，天天一碗赵州茶

　　我手似佛手，我脚似驴脚
　　我手脚并用破壁而出

　　他万物皆备，随处作主
　　千古万古悉如春风

　　而我也是万物中的一个
　　自有明亮的绽放凋落

　　语言被遮蔽和伤害的地方
　　所有种子都无法生长

　　今年霜降早，荞麦总不收
　　我一刀飞起斩断黄河

原典 举陈操尚书看资福。福见来，便画一圆相。操云："弟子恁么来，早是不着便，何况更画一圆相？"福便掩却方丈门。

033

资福画圆

圆相即一切相。一切相不离圆相。圆相似有，圆相却无。圆相实乃心相，资福和尚以此接引陈操尚书，只是机透未到，陈操还不能识得此以心印心之诀，故此纳闷：弟子这次来，是不是来早了，师父有什么不方便，何况还要画一个圆圈？当时资福的样子一定是默然无语，视而不见，兀自划圈。这在旁人看来多少是自己有心事、不想见人的猜度。陈操便是持这种想法，因此也错过了一次接引之机。

然而，资福第二次启动机窍，再度接引陈操。资福依旧沉默，不发一言，将方丈门关上。这又是一次截断思维，启发来者。陈操，你想多了，你想错了，你要做的，就是放弃思维意识。可惜的是，面对第二次启发，陈操一定还是在讷闷，今天不是个出门天，在师父这儿吃了个闭门羹。

《圆觉经》有言："成道亦无得，本性圆满故。"由于本性圆满，故无所损益加减。不可说有，亦不可说无，有无俱遣。不可执空，也不可执色，空色皆弥。此等道理，陈操虽为尚书，却是未能进入的。当然，陈操后期有悟，来自云门的教诲，云门先问如何是佛法大意，条条反驳陈操所答，以破陈操傲慢自得之相。随后，云门指出，不要老想着"非非想天"，即指"非想非非想处之天"，也就是好高骛远的至高精神境界、玄妙之境。云门告诉陈操，《法华经》有云："一切治生产业，皆与实相不相违背。"这里才是一个悟入处，脚踏实地，关心民生，做好每一件事。所以说，佛教之大乘境界与儒家之入世境界实乃同一个发心，即如何让世界变得更好。陈操于此有悟，自此再看僧众，也只服云门一个。不过，史上有载，陈操学法于睦州陈尊宿处。而云门（864-949年）年也曾于睦州处悟入。

资福即资福如宝禅师，在《五灯会元》中记有他两条公案。他是西塔光穆禅师法嗣，沩仰宗第四代祖师，唐末五代人。另有一位资福智远禅师，福州连江人，唐代青原系下七世禅僧，镜清怤禅师法嗣。《宗鉴法林》言陈操见的是资福如宝，胡兰成《禅是一枝花》言陈操见的是资福智远。大量资料中，各具一说，莫衷一是，望有识者能辨析之。

《居士传》说，陈操是晚唐人，与白居易（772-846年）、裴休（791-864年）、李翱（772-841年）同时。此人先为睦州刺史，后官至尚书。然而，假若陈操与云门有过从的话，至少陈操要在884年左右还活着。故陈操至少要比白居易、裴休等人晚一辈。资福如宝是唐末及五代人，则与云门是同一时期，而与陈操有交往，亦不为过。

考证的归考证，智慧的归智慧。不管是哪个资福和尚，也不论陈操是否高官厚任，这一次见面，尽管陈操不能完全领会，但作为灵性智人，他自会有恍然大悟、原来如此的一天。

在语言的机锋上腾挪反杀
诗人要唤出灵性和生命

触目是道，十方浩浩
当下的一切该如何命名

人在桥上走，桥流水不流
汝进亦无门退亦无路

吾辈何时变得这般挫败
实实辜负了大好山河

有些罪愆，风即可以救赎
看空的燕子不屑去死

诗歌就是在绝望的土地上
撒下一粒希望的种子

 在语

　举仰山问僧："近离甚处？"僧云："庐山。"山云："曾游五老峰么？"僧云："不曾到。"山云："阇黎不曾游山。"云门云："此语皆为慈悲之故，有落草之谈。"

仰山问游

阇 [shé] 黎，梵语 acarya "阿阇黎" 之省也，意为高僧，也泛指僧人、和尚。

云门评此为"落草之谈"，实则意指为"谈即落草"。公案不可谈，谈即落草，落草即落迹，落迹即陷于第二义。云门与仰山为同时期高僧，各为宗师。有僧将此公案举给云门，云门说仰山这段公案接引人，甚为慈悲，但是你们不要过多解读，过多解读，会落入第二义。

仰山接引一个游方僧，他问僧最近从哪里来。僧说从庐山来。仰山便问，既然从庐山来，那你去过庐山风景最好的五老峰么。僧老实作答，未曾去过。仰山于是说，那你实在是不能说去过庐山。

未窥圣境，未见实相，虽名游山，实则"未见庐山真面目，只缘身在此山中"。仰山所要点醒此僧处，皆在于此。故以庐山为名，见机说法，见机接引，何为庐山真面目，五老峰。去到否。不曾到。为何。虽住山，却不曾游山。只缘身在此山中。天天念佛，离佛更远。只缘身在此佛中。天天打坐，越坐越傻，磨砖岂能成镜。牛车不动，是打牛，还是打车？

念佛打坐者，若是心不能应，反陷痴迷，如同饶牛打车。

仰山以平淡话语，现慈悲心肠，淡淡接引，淡淡指示，似全不着力，却又意蕴无穷。此僧未窥得那一点妙明真心，那一点妙明真心即在妙孤峰顶处，庐山的妙孤峰顶便是五老峰。若是窥得，便能明心见性；若不曾窥得，上师接引的话，你也听不懂，此之为天人两隔。这有点像从机场出来，你说借个火，他不会拒绝。你要说借个钱试试。那些寻求开悟和游方的僧俗都是试图借钱的。但是上师告诉你，本钱你自己有，何必要苦苦借？借个火给你，一把烧掉心中杂草，金刚心性自现。

所以，那个僧去过那么多的地方，拜访名山大僧，仰山却直陈他"不曾游山"。这实在是一大批判，贪多、求远，而舍弃自家所有，不见自家面目。此僧若不拨毒，则与俗众无异。

云门因之叹曰，仰山慈悲。多有识家误解，以为云门批评仰山是落草之谈，即谈的太现迹了。其实不然，云门是批评那些误解这个公案的识家为落草之谈，你们一谈就谈得低级了。

显然，凡谈公案者，皆是落草之谈。故此只能声明：实无一则公案可弹。

世代的误读早成为教条　　　　　我要重新与鸟儿和树木
唉，现在是绝对的　　　　　　　建立一种特殊的关系

我的箭只瞄向自己　　　　　　　左顾无暇，右盼已老
一个人的战斗悄无声息　　　　　哪有工夫为长江水起早

千山万山走遍，终有座　　　　　我既是弓箭也是靶心
万古到不得的高山　　　　　　　如汝既是词语也是诗句

世代

举文殊问无著："近离什么处？"无著云："南方。"殊云："南方佛法，如何住持？"著云："末法比丘，少奉戒律。"殊云："多少众？"著云："或三百或五百。"无著问文殊："此间如何住持？"殊云："凡圣同居，龙蛇混杂。"著云："多少众？"殊云："前三三，后三三。"

文殊三三

五台山是文殊菩萨道场，故文殊多在五台显灵。常化身为僧俗，接引众生。流下无数传说。换个说法，则好解释：如果你受文殊道场感染，心怀一善，行得一善，此时便是文殊替身。一念行善，一念是文殊；念念行善，念念是文殊。故文殊并不特殊，文殊遍及山河大地。

文殊显灵，不过是一善附身，假人而来。若有人称见到文殊，忽现忽隐，示现威仪，皆是精神作意，行同癔症。此乃精神专注，相思成疾，心生之幻相。此时亦是发悟之机。

无著和尚游五台，便有此发悟之机。说是他在荒僻处，文殊化一寺，接他宿。于是发生这场对话。文殊问他："你近从哪里来？"他言："南方。"文殊又问："南方的佛法，如何主持？"无著答："末法时代的和尚，遵守戒律的少。"文殊便又问："一般说法时多少人听呢？"无著说："或三百人，或五百人。"这颇像禅堂答问，交流情形，无甚稀奇。别拿文殊当文殊，否则便着相了，文殊不过是一老僧而已。

接下来，该反问了。无著问文殊："这里又是如何主讲佛法？"文殊答："凡圣同居，龙蛇混杂。"意思是什么样的人都有，什么样的人都收。三教九流，有教无类。无著便又问："有多少人来听。"文殊答："前三三，后三三。"

这个"前三三，后三三"便成为公案名句。你可以理解成前面三排又三排，也可以理解成前三个又三个，还可以理解成前面三十三个。总之，前三三，后三三，是无尽之数。前面总有，后面也总有。你一眼望去，直若恒河沙数。人人宣称佛号，个个都在止观。真是言有尽而意无穷。

这段公案，还有后续。文殊又举起玻璃盏子问："南方有这个么？"无著和尚不是无著菩萨，他是永嘉人，唐时僧，典载其代宗大历二年入五台，玻璃传入中国要到明清时候。无著说："没有。"文殊问："那你们用什么吃茶。"无著这时没有话讲。他没有话讲，不合逻辑。所以，可以断定的是，这不过是无著的一段梦境，一个白日梦。

随后，文殊令均提童子送无著出门。无著问童子："前三三后三三，那是多少？"童子答："和尚。"无著应了一声。童子问："你说是多少？"无著又问："这是何寺？"童子指指后面，无著回首，再看时童子寺庙皆不见。

可见，这是无著一梦。梦中得授佛性三昧。留下一偈"前三三后三三"，供禅林所参。缘何无著能做此一梦，他人却理会不得？实乃梦境现前，不过是精神意头作弄，无著能精神专注于一处，故有此等精神妙相之会。此种现象，有固可喜，乃精进之相；然而亦不可执着，执着则生顽疾。精神微妙之机，不及则愚，太过则病。无著似梦似醒、如痴如病之际，则正是精神境界，得大翻转之时。

若能证得，此境现前，不过是自证自悟，自心所有、自心所出，则一切佛法，皆非系缚，而成自由、自在。故佛法在内不在外，若言佛法在外，便能缚你；只有佛法在内，方能光明。然而此又不是佛法根本，若再进阶，佛法无内无外，无差无别，若有内外，便生慢心。并无内外，方成一片。此正是无著需用功时：若不思前三三后三三，即在脑外；若思前三三后三三，即在脑内。前三三后三三，在外还是在内？快道，快道。

一生

一生有很多的瞬间
每一个瞬间都伴随着永远

无限的祖师星辰般闪烁
乌鹊绕树，如何上路

天下将亡时贤者遁去
落叶填满了不安的山谷

鸟成空的家，鱼是水的命
梦杀死了做梦的人

早晨我走出我的躯体
词语找到我，要诗我合一

好风吹过，碧岩一声赞叹
噫，前三三与后三三

原典　举长沙一日游山，归至门首。首座问："和尚什么处去来？"沙云："游山来。"首座云："到什么处来？"沙云："始随芳草去，又逐落花回。"座云："大似春意。"沙云："也胜秋露滴芙蕖。"

长沙游山

这一段语境,可谓禅中有诗,诗中有禅。长沙和尚游山回来,首座相问:大和尚去哪里啦。长沙答:游山去啦。首座又问:到哪座山去啦。此时长沙变弄机权,山山皆有春意,游山还似无山,是哪座山并不重要,只不过是"始随芳草去,又逐落花回"。逍遥之游,全然忘记是何山、是何境。到哪里去? 始随芳草去。从哪里回? 又逐落花回。这等境界,真是洒脱无碍、从容有度。

首座赞叹,大似春意,大似佛法大意,大似祖师西来意。一点春意,不在妙峰山顶,而在芳草落花间。不在彼处,而在处处。处处皆有佛法大意,寻道者误以为另有个悟入处,实乃辛苦遭逢、难起一经。

春意大好,亦须知落花之语。落花非指坠落,而指开花。落者,开落也。历历可见,谓之落。始随芳草去,又逐开花回。这一派春意盎然,怎不让人心生慕羡。

长沙和尚以"游心"揭示佛法大意,心随物游,心物同游,即得禅法之妙。此为老庄之道,亦是入禅之机。俗虑顿消,束缚全无,只剩下全然天具的一位无忧真人,如灵行走于水上,如神相从于花中。

长沙和尚的禅机就这样充满诗情画意。他再转一语:"也胜秋露滴芙蕖。"此为春日胜秋朝之意,春天大好时光,比秋天更胜一筹啊。秋天的露水滴凝在荷叶上,也是很美的事物,但比起春天的这种盎然发露之机，则正是"发"和"凝"的区别。

一般人参禅，在凝不在发，在敛不在放。这是一个必经阶段。而长沙和尚已超越这个阶段了，故有春花秋露、胜境无限之慨。

长沙和尚被人尊称为长沙鹿苑招贤大师。他也是南泉的弟子，与赵州、紫胡同辈。仰山比他晚一辈，一日与长沙赏月，仰山指月道：人人皆有这个，只是用不得。长沙说：是啊，你可以用用看。仰山说：还是你用用看吧。长沙便一脚把仰山踢翻在地。仰山爬起来说：师叔真是个猛虎啊。从此，僧众称其为"岑大虫"。可惜的是，长沙和尚未能留下详细生年，只知其是唐时僧人，初为儒生，后改学禅，因此能以诗情施教。

青年人有诗情画意，必是生长激素的影响。人到中年呢，到老年呢，当激素水平变低，诗情画意可具？天真烂漫还在？此是人生一大问题。诗人刘禹锡便有翻案之作："自古逢秋悲寂寥，我言秋日胜春朝。晴空一鹤排云上，便引诗情到碧霄。"人到中年，正是秋季。谁能阻挡诗人的心雄万夫？"晴空一鹤排云上"，超然直入也；"便引诗情到碧霄"，性灵无碍也。

君有"也胜秋露滴芙蕖"，我有"我言秋日胜春朝"。真是个个俱是高明作家。

随
芳

随芳草而去，逐落花归来
秋天的露珠滴在莲叶上

孤鹤立寒木，老猿啸古台
汝掘地三尺埋葬无限意

心灵张弓，一射必要绝命
洞庭湖里水满了吗

死走进死，风景走出风景
黄鹤楼下不成诗句

他接种黑暗，对光明免疫
我跳入深渊一探究竟

王朝如花瓶，一脚踢倒
墨水打湿世故的修辞

举盘山垂语云："三界无法，何处求心。"

盘山无法

三界若无法，何来三界？三界若有法，何出三界？此处需参。三界既无法，则心向何处求？此时休被老僧瞒过也，所谓"三界无法，何处求心"，实乃"三界无法，心何处求"。唯心论与唯物论实为合体之论。唯心即唯物，无处非心。唯物即唯心，万物皆心。故己心即是宇宙，宇宙即是此心。此"心物一体"之大论。三界无法，即三界无物，则三界无心。知三界无物，遍知三界无心，心既无有，夫复何求。

无能生有，故三界无法，即是三界有法。三界有法，故三界有物，三界有心。说三界有法，此是现象之论，现象属幻。说三界无法，此是本体之论，本体属真。然而说幻论真，非幻外另有一个真，离幻无真。现象本体是一不是二。真外也没有另一个幻，离真无幻。故盘山和尚说三界无法，你可以说三界有法。说无说有，都落两橛。说无和有之上还有一个非无、非有，则是头上安头，更落言诠。故义理在悟不在解，在直取不在思维，在明白不在计虑。

盘山语三界无法，众人便落无境；盘山语何处求心，众人便落心境。无境心境，俱是意境。一落意境，便成第二义。故盘山语过便语过，勿思勿虑，勿想勿钻。方不入和尚圈套。

盘山即盘山宝积和尚，是马祖高徒。他临终时说，有人得到我的真传了么。众人递条子，表明自家见解，盘山皆不悦而叱之。唯有普化和尚说，看我的。翻着跟头就出去了。盘山始悦："这汉向后如风狂接人去在。"这家伙今后将猛利接人去了。普化和尚于是成为接班人。这一段情节，大像戏班子的表演。你若说自己也会，无非就是不落文字，不坠思维，心下省得，即得禅意。若抱此想法，可能过不了老僧三棒三骂，便原形毕露。人生不在悟中，便在缚中。受家庭所养，即为父母所缚；受老师所教，即为教育所缚；受老板所聘，即为管理所缚。此缚何所能解？缚则未悟，悟即解缚。普化和尚翻着跟头出去，正是身心无缚之相。你若翻着跟头出去，则是为狂心妄念所缚。故悟者，在心不在迹；缚者，迹在心不在。即便普化不翻跟头，递个条子上去，盘山一样会印证他开悟。

此段公案，雪窦唯拣出两句示人。其全文则是："三界无法。何处求心。四大本空。佛依何住。璇玑不动。寂止无痕。觌面相呈。更无余事。"参得一句两句，则句句能参。参不得一句两句，则句句不明。故公案事，通一则两则，则千百则尽通。若一则两则不通，则尽如天书，无有个下口处。公案评谈至三十多则，若读者仍未悟入，直是雾里看花，似懂非懂，则正是紧要关口，需抓住一则公案，参它一年半载，万勿贪多求快，草草看过。直说得一句：有奶便是娘，个中即禅机。快参，快参。

三　界　无　法，　何　处　求　心
苍　山　东　麓　驰　过　十　万　甲　兵

白　云　为　盖，　流　泉　作　琴
谁　会　知　晓　植　物　的　秋　水　意

前　念　已　灭，　后　念　未　生
一　句　话　头　就　要　吞　却　乾　坤

三

饥　了　吃　饭，　困　了　即　眠
几　盘　酒　肉　断　送　野　鬼　闲　神

魔　来　也　扫，　佛　来　也　扫
旧　式　激　情　将　迎　接　新　风　暴

界

坐　在　树　下，　拍　拍　脑　门
脱　却　了　生　死　还　能　去　哪　里

举风穴在郢州衙内，上堂云："祖师心印，状似铁牛之机。去即印住，住即印破。只如不去不住。印即是，不印即是？"时有卢陂长老出问："某甲有铁牛之机，请师不搭印。"穴云："惯钓鲸鲵澄巨浸，却嗟蛙步辗泥沙。"陂伫思。穴喝云："长老何不进语。"陂拟议。穴打一拂子。穴云："还记得话头么？试举看。"陂拟开口，穴又打一拂子。牧主云："佛法与王法一般。"穴云："见个什么道理？"牧主云："当断不断，返招其乱。"穴便下座。

风穴铁牛

风穴素慕临济宗风，于临济再传弟子南院慧颙处悟入。深得临济禅之三昧。其时，湖北郢州牧李君为其护法，风穴前往衙内过夏。遂有此"铁牛心印"之千古名言。

风穴点破心印之旨，旨在以心印心。心本无痕，印而有痕。若道有痕，有痕则非心，此为"去即印住"；若道无痕，无痕则非印，此为"住即印破"。是故是心还是非心，是印还是不印？此便是铁牛之机。铁牛之机尽在"不去不住"：既不把印拿开，也不把印盖上。你有薛定谔的猫，我有铁牛的印。"去即印住，住即印破"的直白意思是：把印拿开，印痕却在；把印按在那儿，印痕却无。印痕在却非心，印痕无却非印。

这时冒出一个不服气的，卢陂长老站出，言：我自有铁牛之机，不用师父印证。风穴知其落入狂禅，以诗点醒：我已习惯在大海钓巨鲸，只是感慨青蛙故步自封于泥涂之中。然而卢陂机法不具，枉自伤神。一陷拟议，便落下乘。风穴于是连喝带拂，此处应有冷汗淋漓。不动脑筋，就不会说话了么。不动脑筋，就不会行事了么。天下人都如卢陂长老这般，陷于自寻烦恼之中。蛙步辗泥沙而已。

铁牛之机是大机，祖师心印是大用。大机大用之时，还有什么余情余言？此时州中长官亦是多余，言什么佛法与王法一般，言什么当断不断反招其乱，只不过是缓解气氛之举，徒增言语之劳。风穴便下座。故事讲完了。

高手过招，言语手势并作。禅录将之称为高明作家。作家先是毁家，毁掉项上人头，方能称为作家。这件事，谁干得了。故禅家有云："将头临白刃，犹似斩春风。"

风穴即风穴延沼禅师（896－973），俗姓刘，浙东处州松阳县人。于松阳县万寿护国禅寺出家。先谒越州镜清怘禅师，复北游襄州至华严禅师处，结识南院慧颙弟子守廓，经其点拨，到河南侍从南院慧颙六年，具传心印。后住河南风穴寺，大振临济宗风。

心印已得，南院常与其互证。一日，南院曰："如何是夺人不夺境？"风穴曰："新出红炉金弹子，床破阇梨铁面门。又问："如何是夺境不夺人？"曰："荔草乍分头脑裂，乱云初绽影犹存"又问："如何是人境俱夺？"曰："蹋足进前须急急，促鞭当鞅莫迟迟。"又问："如何是人境俱不夺？"曰："常忆江南三月里，鹧鸪啼处百花香。"

南院又问风穴："汝道四种料简语，料简何法？"风穴对曰："凡语不滞凡情即堕圣解，学者大病，先圣哀之，为施方便，如楔出楔。"

四种料简，原为接人之语。一个坐标，四个象限：夺人夺境、夺人不夺境、夺境不夺人、人境俱不夺。病在人境，则人境俱夺；病在人，则夺人；病在境，则夺境；病在定境，则人境俱不夺。故风穴有言，不滞凡情，即堕圣解。人境之病才好，定境之病又犯。故须见机施要，如楔出楔。如此方超然直上，顿无疑情。

故此，风穴有上堂法语一则云："夫参学眼目，临机直须大用现前，勿自拘于小节。设使言前荐得，犹是滞壳迷封。纵然句下精通，未免触途狂见。应是从前依他作解，明昧两歧，与你一时扫却，直教个个如师子儿，吒呀地哮吼一声，壁立千仞，谁敢正眼觑著？觑著即瞎却渠眼。"

风穴此语凛冽，一字概之：扫。两字概之：扫却。三字概之：大扫却。四字概之：一时扫却。此时的风穴，已不再作诗了。知其犹是滞壳迷封，知其触途狂见，知其才出蒙昧障又落高明障。不如一声发吼，长身而立，壁立千仞，自家面目彻天彻地，自家手眼通上通下。此时，我佛出世，天下震动。

真相

真相诡异，数字透着凉气
两千年遗产照单全收

历史灰烬里燕子惊起
只有人，能为虚无赴死

东边钟响，西边雪崩
帝国的脉象诡异若深宫

梦里豪言不需要嘴
鸟儿欲飞过镜中的山水

他对着苍山狂念诗篇
要在千古间寻一个知己

我解放语言让汉水倒流
人发杀机，翻覆天地

举僧问云门："如何是清净法身？"门云："花药栏。"僧云："便恁么去时如何？"门云："金毛狮子。"

云门狮子

花药栏，一说是花圃围栏；一说是厕所门的雅称。在此处，答案并不重要。因为清净法身遍及一切。一念清净，即处处清净。一念不净，则处处不净。法身为性，性本清净。此清净者，原无美恶，原无垢净。

此清净者，是不落净垢两端的清净。雅人好清，故落净端；俗人好浊，故落垢端。无雅无俗，即是清净。对雅人说法，则有干屎橛。对俗人说法，则有明珠一颗。何来清净，非关闭感官，非搬弄呼吸，非上床打坐。清净在于动静一如、照用一体、觉行一贯。动者，神思宁静，动即是静；静者，气机发动，静即是动。知此则得动静一如。照用、觉行皆如是。故动亦禅、静亦禅。言禅非静非动、即静即动者，得禅之三昧。静中无动，则落入死寂枯禅，非妙明之理。动中无静，则不过战乱无君，徒添祸行。

今有僧问，何为清净法身。云门作答：花药栏。可见二人对话，正在户外。云门不费脑力，目之所及，花药栏也，所见即所答。僧又问，知此清净法身，径直去时，则又如何？云门答曰：金毛狮子。

金毛狮子，勇猛无畏，金刚无惧，精进无虑。此是文殊坐骑，常以此形容得道僧人。金毛狮子，浑元真气之谓也。如初生小儿，自顾自生长，舍我其谁。如混莽鲁夫，鲁智深、张飞之流，一门深入，无瑕它顾。方向既定，无坚能摧，于此可得大力。既知法身清净，便知得法门径，何不勇往直前，无复多虑。

唯有下等智者，计较门流、研比多方，实则无所得。知识万重山，何处是桃源？不如立下本心，当下着力，时时提撕，处处惺惺。以此作意，方勘本源之学。

　　又有僧问云门："佛法如水中月，是否？"云门曰："清波无透路。"僧问："和尚从何而得？"云门答："再问复何来？"僧云："正恁么去时如何？"云门答："重叠关山路。"

　　"清波无透路"，正是处处皆透路，不要想另有一个目的。水中月、天上月、心中月，哪个月是真，哪个月是幻？所指在月，所印在心，所化在水。在心即觉，在天即照，在水即用。此觉此照此用，三位一体，若言真幻，皆是幻中有真，真幻一如。清波虽无透路，抬眼即见真心。见月，则心在月中。觅心，则月在心中。

　　僧又问，和尚你从哪儿所得。云门反问：那我问你从哪儿所来。僧又以问待答：那去时又如何。云门作答：重叠关山路。

　　这一连三问，皆是连环。以问作答，反问作答，只可意会，无法言说。去时又如何，重叠关山路，但作金毛狮。前路重重关山，唯有一往无前能破。若能一往无前，则重重关山，不过泡影，不过清波。山河大地，一时失却颜色。虚空为之粉碎，陆地为之平沉。至此方勘破现象界，不为现象界所缚，不为入世法所系。天地间便又多一个永生之人。

我们如尘埃般相爱
死句活句中一路走来

流水翁翁，杨柳依依
小艳诗里有大玄机

少年风流事谁知晓
窗外落花，浪子归家

月亮其实只在天上
一腔忧患都没了模样

生死到来该如何回避
他抖擞精神透关去

长安点火，苍山起烟
金毛狮子隐约云间

我们如尘埃般相爱
死句活句中一路走来

流水翁翁，杨柳依依
小艳诗里有大玄机

少年风流事谁知晓
窗外落花，浪子归家

月亮其实只在天上
一腔忧患都没了模样

生死到来该如何回避
他抖擞精神透关去

长安点火，苍山起烟
金毛狮子隐约云间

赵野诗

我们

举陆亘大夫与南泉语话次。陆云："肇法师道，天地与我同根，万物与我一体。也甚奇怪。"南泉指庭前花，召大夫云："时人见此一株花，如梦相似。"

南泉指花

胡兰成解碧岩录，实以礼乐精神研判。满眼人间风致，不乏兵家气象。柔断相济，入禅返儒。兼及情思，佐以文学。故拈出此公案，名为《禅为一枝花》。

公案可解，人人得解。解而不传者，即成私意；解而得传者，即成公论。公论由各家出，各家有同有异，即成公案之流派。胡兰成当为解公案之文学派。碧岩录由雪窦颂出、克勤评点，流传最广，几成正典，当为解公案之法脉派。雪窦所颂，尚可解读；克勤所点，已是自意频出，激浪薄发，巨石流矢奔流于地，不可收拾。故须得检点一二，方可通览。

且说这一株花。南泉道，时人见花，如梦相似。此遥追庄周梦蝶、濠梁观鱼之意。时人见花，人是主，花是宾，见是谓。问题来了，何为我？何为花？何为见？若一岁见花，眼识未开，见若未见；三岁见花，眼识虽开，不复有忆，见若不见；三十岁见花，心为境开，花为人开，见即所见；六十岁见花，花之生灭，一时现前，见即全见。哪一岁是我？哪一识是花？哪一见非梦？或如白居易诗言："花非花，雾非雾。夜半来，天明去。来如春梦几多时，去似朝云无觅处。"此正是相续流变、物迁不居之慨。

又有后人王阳明言："汝未看此花时，此花与汝同归于寂。汝来看此花时，此花颜色一时明白过来。"要知此花，需人在看。所看是幻，能看是真。看幻即梦，看真即觉。觉真亦幻，即是真觉。

本名真觉，亦名真心。心外无物，无物非心。心物一元，唯识有别。心物同游，齐物无差。此即天地同根，万物同体。

克勤言："肇法师，乃晋时高僧。与生融睿，同在罗什门下。谓之四哲。幼年好读庄老，后因写古维摩经，有悟处。方知庄老犹未尽善。故综诸经、乃造四论。庄老意谓：天地形之大也，我形亦尔也，同生于虚无之中。庄生大意，只论齐物。肇公大意，论性皆归自己。"僧肇法师，少年时抄书为业，读老庄犹不满足，而写《古维摩经》时，有所悟入。后追随鸠摩罗什学法译经，著有四论。被称之为罗什门下龙象，论空第一，后人称之为什、肇之门。

据说石头希迁和尚也是因看僧肇之《肇论》，读至"圣人会万物为己"处，豁然大悟。其后所作《参同契禅诗》，亦不出此意。

宣州（今安徽宣城）刺史陆亘大夫（764-834），一日，陆亘问："古人瓶中养一鹅，鹅渐长大，出瓶不得。如今不得毁瓶，不得损鹅，和尚作么生出得？"南泉道："大夫！"陆亘诺。南泉道："出也。"陆亘遂执弟子礼。迎请南泉禅师入宣州治所问法。

雪窦则颂有："闻见觉知非一一，山河不在镜中观。霜天月落夜将半，谁共澄潭照影寒。"勿解其颂，言下直观。若解其颂，便落意图。故读书不求甚解，实乃高明之举。解有解用，不解有照用。解则不照，照则不解。以诗相照，即能契心。若强作知解，则只是虚情作意。心灯既燃，尽且照用。若作解意，斯迷黑暗。

故碧岩录之评弹，亦非知解，只作照用。万勿陷入理解，方可契入元谛。参。

赵野唱词

庭前一枝花说大梦语

天地我同根，万物我一体

金刚眼看遍，世无知音

汝手提古佛走出丛林

庭前

一叶扁舟过了洞庭湖

透得那边，才能真自由

霜天月落彻见英雄美人

委委佗佗，如山如河

暴君让帝国更加壮丽

非这般不能成全一段传奇

如是我将善待每个好梦

在字里行间布满魔法

原典 举赵州问投子："大死底人却活时，如何？"投子云："不许夜行，投明须到。"

041

赵州问死

投子和尚（公元 818—914 年）即投子山大同禅师。《五灯会元》记载他有："幼年依洛下保唐满禅师出家。初习安般观，次阅华严教，发明性海。复谒翠微，顿悟宗旨。"由是放意周游，后旋归故土，隐于安徽桐城市的投子山。

一日，赵州和尚来访桐城，投子亦下山，二人途中相遇，遂有此一段对话。

赵州先问：莫不是投子山主么？投子回答：有茶盐钱布施于我，赵州你先回我庵中坐。可见二人一见即为知音，一点客套话都没有。

随后，投子打得一瓶油回。赵州遂笑：早就听说投子的大名了，及乎见到，原来只是个卖油翁。投子说：你只认得卖油翁，不认得投子。赵州遂问：如何是投子？投子提起油瓶说：油！油！这一段对话，二人自出天机，洒脱无碍，风趣自在。

赵州借机进一步勘印，问：大死底人却活时，如何？这意思是说一个人参禅至紧要关头，死去活来时，会是怎样的。投子回答：夜里不许行路，但天明前必须到。

所谓紧要关头，如母怀子，久久必出。然而又如大死一场，方能重生。如无母爱，孰能如此？然而此一母爱，又是天性激发，非人力可为，方能跃此境地。故参禅亦如此，非人力可为，而须自激天性。自激天性，是为自性。天性至，自性出。自性出，天下白。若论"不许夜行"，即非人力可为；若论"投明须到"，即自性一出，天下便白。

"不许夜行，投明须到"即向上一路，可以称之为"超验"。它阐明逻辑的死胡同，以此打消思维意识，如坠思维，则如蝇虫投窗，光亮虽透、窗纸却隔。此即死去活来之机，也是死机、重启之时。休要放过。

古语有云："若要人不死，先得死个人。"若要活来，先得死去。若要顿悟、先得迷情。若要向上一路，先得当下直入。大禅师皆具斩钉截铁手眼，手起刀落，活人死人，就在话下，不在话下。

这历史上的两个大禅师相遇，可真是机锋顿起、狼烟四冒。所言既平易又高迈，既风趣又玄远。当投子说"不许夜行，投明须到"时，赵州尚有一句复语，《碧岩录》未载，《五灯会元》则有。赵州是这样说的："我早候白，伊更候黑。"

赵州之意，他自己知黑守白，投子则是知白守黑。二人本无间意，无非是执黑白棋而无胜负手。晚上不许行走，天明须要到达。一个在白天候着，一个在夜里候着。看谁能死去活来，便予以推举、接引。

再置一语，"不许夜行"即睡觉，"投明须到"即"须到投明"，也即是睡到天亮。原来投子所言也就是：睡觉，睡到天亮。

睡觉便是睡觉，无复多虑；天亮便是天亮，亦无复多虑。

何患生死耳，何来死去活来之意。死去便死去，无复多虑；活来便活来，无复多虑。

此真是活人之法。

即生

即生即死，即死即生　　杀尽死人方能见活人

因缘和合，暂时凑泊　　是大丈夫自当磊与落

业镜扑破，透出虚空　　头临白刃犹似斩春风

长江倒流，黄河何惧　　遮莫如斯夫不舍昼夜

道路以目，指鹿为马　　世象这般汝还再来否

渡生死劫须起菩萨心　　兵伐咸阳，日出必到

赵野唱词

　举庞居士辞药山。山命十人禅客，相送至门首。居士指空中雪，云："好雪片片，不落别处。"时有全禅客云："落在什么处？"士打一掌。全云："居士也不得草草。"士云："汝恁么称禅客，阎老子未放汝在。"全云："居士作么生？"士又打一掌，云："眼见如盲，口说如哑。"

庞老好雪

慧能传青原和南岳。青原传石头，南岳传马祖。石头又传药山。庞居士既参过石头，又参过马祖。所以，药山对庞居士敬礼有加，着十人相送。正是下雪天，居士遂说："好雪片片，不落别处。"

落在什么处？落在悟处，不落思处。悟即不思，思即不悟。若问落在什么处，即落思处。不落别处，即不落思处。

一位名全的参禅者却正好落在思处了，故问："落在什么处？"庞居士促其反省，便打了他一掌。

这位参禅者不解，说："居士怎么能打人呢。"庞居士骂道："你也配称禅客，阎王老子都不会放过你。"

参禅者问："居士你这是做什么。"庞居士又打一掌，说："眼见如盲，口说如哑。"

学禅当然不能故作高深，因为故作高深者，在真正的禅师面前，抵挡不了两下，便露破绽。学禅也不能无故棒喝交加，否则，便只是用棒喝掩盖自己内心的恐惧和迷茫，同样也抵挡不了两下，便会被高明的禅师识破。但学禅若是能不落思维，便已入初禅境地。不落思维，便不受外界因素牵引，我行我素、自然而然，八风不动、四大俱安。孟子言四十不动心，实乃不动心念之谓，不动心念，即入定境。若入定境，即得禅意。此时，儒佛俱是闲名。唤不唤作是禅并不重要。但禅者知道，你到了一个旁人不及的境界。这个境界可以用一个词形容：不可理喻。若以道理或理解计，则落思处。

庞居士连打带骂，都是为当下喝断疑情、截断思维。然而并不是每一个人都到了开悟的契机，生硬者有之、夹生者有之、意趣只在坐井观天者有之、未悟当已悟者有之、固执己见者有之、该圆通时严正该严正时圆通者有之、该猖时狂该狂时猖者有之，各各毛病，皆需对治。毛病者，往往不自知。若自知，则可自治。若不自知，只能师治。知其不自知，尚能有治。不知其不自知，无可救药。

庞居士所言"眼见如盲，口说如哑"，正是促其自知之举。自知方能自觉，自觉方能自证。若不自知，岂不是眼见如盲，口说如哑？若能自知，自断眼根舌根，则眼盲口哑，又是修行功夫。可见，此言有多解。此正是禅风之胜义。

资料有载，庞居士初见石头，便问："不与万法为侣，是什么人？"声未断，被石头掩却口。庞居士有个省处，作颂道："日用事无别，唯吾自偶谐。头头非取舍，处处没张乖。朱紫谁为号，青山绝点埃。神通并妙用，运水及搬柴。"

后参马祖，又问："不与万法为侣，是什么人？"马祖云："待尔一口吸尽西江水，即向汝道。"庞居士豁然大悟，作颂云："十方同聚会，个个学无为。此是选佛场，心空及第归。"

道得一句"心空及第归"，即解空性。空则能容，容则能生，生则能有。故解空者，深得"真空生妙有"之道。若执空，即说有；若执有，即说空。如此方是中道。故说空说有，法性法相，皆从自家心地流出。

我阅读长夜，被星星认出
　　九世纪的那次因果

青天蒙昧，听汝谈空
好雪片片不落别处

苦难不黏滞，快乐不执着
　燕子脱下僭越的外套

茫茫大地如何下脚
我必用语言来超越语言

他撒手悬崖成自己的主人
万物离去还要召唤回来

鱼深究水，鸟沉思风
此岸与彼岸有条件相通

我阅

举僧问洞山："寒暑到来，如何回避？"山云："何不向无寒暑处去？"僧云："如何是无寒暑处？"山云："寒时寒杀阇黎，热时热杀阇黎。"

洞山寒暑

这则公案也甚是好玩。有僧问洞山和尚，如何避寒避暑。洞山说，可以向不冷不热的地方去。僧继续讨教。洞山说，冷时冷杀和尚，热时热杀和尚。

没有另一个无寒无暑之处。假若僧问，烦恼来了，如何回避？则答：何不向不烦不恼处去。僧则又问：如何是不烦不恼之处？则答：烦时烦死你，恼时恼死你。此正所谓是"烦恼即菩提"。菩提不在别处，当下转念，即证菩提，即得清凉。

寒暑是境，此境可夺不可逃。寒时寒杀和尚，热时热杀和尚，则是人境俱夺。人境俱夺之后，便无炎凉分别。直下承担，何来逃逸。

僧问洞山：寒暑到来，如何回避。洞山若答：无须回避，任寒任热，任驱任使，境不夺心，心无寒暑。这倒也不是不可以，只是机锋便失，不利于僧自己去寻找这个答案。要想打机锋，需得以问答问、以问反问，此是方便法门，促使灵光开启，自悟心源。

洞山的机锋，正像是水上葫芦，滴溜溜转，全似不着力，又处处见性明心。当然我们也可以说"安禅不必须山水，灭却心头火自凉"，以此之法，对治寒暑。成却不冷不热功。但这样显然仍是在耗能，并不值得提倡。寒暑即有差等，寒时寒杀，即无等差。若无等差，即同佛性，佛性无等差。即便来一个菩萨，也寒时寒杀菩萨，热时热杀菩萨。你若刀枪不入，我便一枪击毙。

洞山和尚有"五位君臣颂"，了解一下即可，读过便丢，颂过便忘。万勿作迷作解。否则一入思障，便是洞山和尚来，也解救不得。

第一颂：三更初夜月明前，莫怪相逢不相识，隐隐犹怀旧日嫌。

第二颂：失晓老婆逢古镜，分明觌（dí）面别无真，休更迷头犹认影。

第三颂：无中有路隔尘埃，但能不触当今讳，也胜前朝断舌才。

第四颂：两刃交锋不须嫌，好手犹如火里莲，宛然自有志冲天。

第五颂：不落有无谁敢和，人人尽欲出常流，折合归来炭里坐。

天下多少和尚，栽在语录、公案、颂语中，直是爬不出来，便成白骨骷髅。此正是镜清所言："便见骷髅遍野"。公案不可不读，亦不可解读。不读则滑，解读则滞。不读则妄，解读则缚。我所解读者，实非解读，姑名解读。只为向上者一路，拈点一二，有个入处。陶渊明所言"好读书，不求甚解"，又有几人会得？此正是书可读，不可解读之意。解读是以思代悟，已落下乘。不求甚解则是以悟盖思，高迈超拔。思者，前六识至第七识而已，六根所感，独头意识；悟者，熏入第八识阿赖耶种性之中。此悟正是从天人之际下手，人悟一分，天予一分。天予一分，世上智识便多一分。人若无悟，天亦无予。人若有悟，便能感应天人微笑、天女拈花。神识一破天机，便有晴天霹雳，轰入脑门椎尾，彻上彻下，能量无穷意，此则是心源开启之相，不竭不枯之真理。

略作梳理：禅宗南传，唐末五代，一花开五叶，是为：临济、曹洞、沩仰、云门、法眼。曹洞宗由洞山良价及弟子曹山本寂所创，其宗脉系惠能—青原行思—石头希迁—药山惟严—云岩昙晟—洞山良价—曹山本寂。

也忽然有了一偈：曹洞曹洞，古今休同；便作解意，何须五颂。

行 走

行走刀锋上，岂容迟疑
衣袖里裁出一片苍山

四时无情，却值得信任
执念不起何来寒暑

蛙夜半跳进古池塘
扑通声胜过所有的思想

我一浪游者，时时在路上
心不停住任何地方

贼人拂袖去，月光倚窗前
他满屋捕捉隐喻的意义

词语的小诡计爬上铁牛
划开一道发亮的口子

举禾山垂语云："习学谓之闻，绝学谓之邻。过此二者，是为真过。"僧出，问："如何是真过？"山云："解打鼓。"又问："如何是真谛？"山云："解打鼓。"又问："即心即佛即不问，如何是非心非佛？"山云："解打鼓。"又问："向上人来时，如何接？"山云："解打鼓。"

赳赳评弹

禾山打鼓

传为僧肇所著的《宝藏论》中有言："夫学道者有三，其一谓之真；其二谓之邻；其三谓之闻。习学谓之闻，绝学谓之邻。过此二者谓之真。"

闻者，因声闻、缘觉而起修道之心；邻者，因绝圣、弃智而得近道之心；真者，因修道、近道已过，证入真道。

禾山和尚垂语示此，展示学道三次第：修道、近道、得道。修道是有、是加法；近道是无、是减法。修道是为学，为学日益；近道是为道，为道日损。损益之后，过此二者，便是真道。禾山一语说尽，再无余情。

僧追问，如何是真过。禾山说，我会打鼓。此一意思是：我的话已说干净了，你懂就是懂，不懂就是不懂，我也没有多余的话要说。僧又追问，如何是真谛？禾山说，我会打鼓。如何是非心非佛？我会打鼓。如何接引向上之人？我会打鼓。

如此四问四答，公案称为"禾山四鼓"。鼓响为之闻，鼓灭为之邻。过此二者，是为真过。此中深意，过者几人？鼓响为之习学，鼓灭为之绝学。知此习学与绝学，便知真谛。鼓响即心，鼓灭即佛，鼓之响灭，即心即佛，鼓无响灭，非心非佛。鼓响人来，鼓灭人去，鼓响即接人，鼓灭即得度，鼓响鼓灭，接人得度。

此种打鼓法门，原在不立文字。若说文解意，即成罪过。本非禅门深意。上等智者，闻声见性、声灭明心。中下智者，只得劳神文字经卷、考索求证，编舟自度。故禅门公案不得不累积宝卷、诠言声颂，皆是老婆苦心。然而禅宗向上一路，也就此成为密法。此之谓"不涉理性，亦无议论处，直下便会。"

与"禾山四打鼓"之公案相对，尚有公案"保福四瞒人"。

保福问僧："殿里是什么佛？"僧云："和尚定当看。"保福云："释迦老子。"僧云："莫瞒人好。"保福云："却是尔瞒我。"

保福又问僧云："尔名什么。"僧云："咸泽。"保福云："或遇枯涸时如何？"僧云："谁是枯涸者？"保福云："我。"僧云："和尚莫瞒人好。"保福云："却是尔瞒我。"

又问僧："尔作什么业，吃得恁么大。"僧云："和尚也不小。"保福作蹲身势。僧云："和尚莫瞒人好。"保福云："却是尔瞒我。"

又问浴主："浴锅阔多少？"浴主云："请和尚量看。"保福作量势。浴主云："和尚莫瞒人好。"保福云："却是尔瞒我。"

保福一问殿中佛是谁，二问僧名甚，三问僧为什么吃得这么胖，四问浴锅有多大。问完这后，见机逗引，他人皆不信，说他逛语瞒人。保福却说，是你在骗自己。此处"尔瞒我"，我是真我，是真心，是了悟心。不得了悟，便是瞒我。

禾山和尚即禾山无殷禅师（884—960），亦称澄源禅师，五代人。揭"禾山之鼓"以示学者，天下丛林，翕然响应。据传，无殷禅师驻锡禾山寺后，声名渐显，南唐后主李煜召见他，问："和尚何处来？"禅师答："禾山来。"

后主又问："山在何处？"禅师又答：人来朝凤阙，山岳不能移。你召唤了我，我不能不来，但禾山就是禾山，打鼓撞钟，自是一家，不管是谁都不能移走的。后主肃然起敬，于是封无殷禅师的法号为"澄源"。

保福和尚即保福从展禅师（？～926），俗姓陈，福州人，唐代青原系禅僧。他十五岁礼雪峰义存禅师为受业师，十八岁在本州的大中寺受具足戒，受戒后外出游方，到过吴地、楚地，又回到雪峰义存门下作侍者。在雪峰棒喝下开悟。

一场

一场对话没有结局　　　　　风景不殊山河多异
帝国狂悖无主，谁在击鼓　　今上反应过度，我来击鼓

与王朝对峙了半世　　　　　想着放下时已放不下去
终被它吞噬，唯有击鼓　　　秦关处处闻声而动

我的黑暗堆积如雨　　　　　万顷清风已背负了千年
倾覆一片天，恍若击鼓　　　何如一把掷向五湖

举僧问赵州："万法归一，一归何处？"州云："我在青州，作一领布衫，重七斤。"

045

公案已近半，再读赵州此则，必豁然能通。公案即对治之法。各病各有治法。若陷入经义，则不立文字。若落入思维，则拔毒而出。若心下奔逸，则以言警悚。若心下有缚，则喝断知解。

赵州布衫

赵州禅简易，如同大力金刚掌复归平淡，并不故弄机玄，亦不凑泊生巧。有僧问：万法归一，那这个一归何处？这一问便在逻辑中。后有周敦颐解易经称"无极生太极"，被陆九渊斥之为"头上安头"。若太极为一，一归何处？于是发明新词，一归无极。此正是头上安头之举。

万法归一，则一自在万法之间。若言一另有一个归处，则是头上安头、叠床架屋。此正是"不二"之学。一没有另一个归处。一即一切，一切即万法，万法即万有。离开一切，一即不存。若无一贯，亦无一切。故一只在万法当中。

赵州演示，并未离题索取。他说，我在青州啊，做了一件布衫，有七斤重哩。一领布衫，此中有一。若问一归何处，一便在一领布衫中。的确，一领布衫中，其中有"一"。此便是"一"遍布"一切"之中。

禅门即不二法门，不二之学，说一不说二。说二即分别、即着相、即背离统一。若时时在一之中，则与万物、万法、万有合于一体。若时时起分别意，迷于五色、执于外相，则离于道、成于私、析为小。故邓恩言"没有人是一座孤岛"，正合此意。布莱恩言"一花一世界"，亦合此意。此皆是不二之学，一即一切，个体是全体的一部分，个体中又蕴含着全体。一个细胞是个体，但一个细胞中又包含全部基因。一叶落而知秋。一片叶子中有全部的秋天。西方发展出全息理论、混沌理论，统一场理论，皆是指向不二之学。若想科学是科学、玄学是玄学，此便是分别之想，违离不二。故科学与玄学是一不是二。科学从已知导向未知，玄学从未知发展已知。故科学家都有玄学思想，玄学家都有科学精神。假设即玄学，求证即科学。玄学家若不能证得，则是胡说八道。科学家若缺乏想象力，则遍寻而不得。故玄学研究或然性，科学研究必然性。必然性和或然性又统一为一。玄学与科学，只是外在之名相，不可因其之名而缚之争之执之。

常有知解者，在此公案上，将意头注入"重七斤"，故绞尽脑汁，也不能理会。七即七个一而已。有甚稀奇。是一不是七。七个一斤重。是一不是七。仍是万法归一，七斤归一。

赵州和尚，一人、一衫、一言。将此公案料理得明明白白，清清楚楚。只是，看官何必自寻烦恼、钻营求索，执一寻一、不得透出。

雪窦曾言："这个七斤布衫能有几人知？如今抛掷西湖里。万法归一，一亦不要，七斤布衫亦不要，一时抛在西湖里。"

我要拈花微笑，雪窦深知不二之法。布衫、西湖、你的念想、时间，皆同于一也，一时抛却，即证不二。要等科学家来证，需猴年马月。自悟自证，当下即得。参！

万法

万法归一，一归何处
心无住时只拳打老师傅

我相信一种古旧的思想
满腔热情喝茶晒太阳

正道弥天却没求道者
苦难盈地哪有受苦的人

不能再折腾这世界了
无所事事是最好的命数

也不要时时期待明天
因为明天实在难以知晓

醒了以后任由自己活着
继续感受悲伤和喜悦

举镜清问僧："门外是什么声？"僧云："雨滴声。"清云："众生颠倒，迷己逐物。"僧云："和尚作么生？"云："洎不迷己。"僧云："洎不迷己，意旨如何？"清云："出身犹可易，脱体道应难。"

镜清雨滴

所谓法门，方法之门而已。公案作为法门，在于勘验。勘验谁？勘验对机作答者。就像是做一个体检，看你病根在哪里。若无病根，则获悟体。不在病中，即是开悟。若未开悟，即在病中。读公案，即读对治，读药方，以此便知僧病。

这次，镜清来问僧：门外什么声音。僧老实答到：雨滴声。镜清言：众生颠倒，迷己逐物。至此，读者卷入一场漩涡：实在是听到雨滴声，为什么要说众生颠倒，迷己逐物呢，难道听不到雨滴才是不迷己不逐物吗？

快快放下思虑。如此明白，何需苦苦思索。无论僧说听到什么，镜清都会说：众生颠倒，迷己逐物。为何？因为此僧的病根是这个。此僧若进修，必得将心放回自家腔子里，心不为外境所夺。听到雨滴声，是逐物；未听到雨滴声呢，是迷己。迷己逐物，饶是此僧八面玲珑，也逃不掉镜清的法网。直要把僧的天灵盖撬开，才得有出路。

僧问：那和尚是怎么做的。镜清说：澄泊而不迷己。僧又问：怎么理解这个。镜清答：出身犹可易，脱体道应难。这句话只能体悟，没法翻译。勉强可以译作：身出迷障，还算容易；脱离本体，则大道不行。由于易有变易之义，脱体有蜕变之义，难有苦难、苦修之义，这句话还可以译作：身出迷障，犹可变化；蜕变之道，唯在受难。诗句禅语，在可解不可解之间。可解，是为不离文字；不可解，是为不立文字。禅宗若离文字，则不可传世；禅宗若立文字，则不可传人。故文字与禅宗，在不离不立之间。不立相对不破而言，不破则不立，故不立即破。不立文字，乃是破除文字障，并非不行于文。所谓禅宗不立文字，便有一段千古错看，望有识者仔细理会，须是不立、不离方为中道。

现在来看镜清大夫给僧看病。问诊：门外是什么声。病人答：雨滴声。于是给出病人的症状：众生颠倒，迷己逐物。迷己即痴，逐物则贪。贪痴二病，本是众生共病。于是再开出药方：洎不迷己。自洽而不迷己。洎与汲音义相同，浸润之意，不妨译为自洽。

心病心药来治。对于这付药，僧还不懂，你给我开的啥药？故需要镜清解释下这付药的"性状"：出身犹可易，脱体道应难。解释完了，更难懂。就像老百姓看药的说明书。

不懂，怎么办？参。参不透呢？老僧的工具箱里，还有大棒胡萝卜、剪刀石头布。总有一款能对（契）付（入）你。

镜清即镜清道怤禅师（868～937），俗姓陈，永嘉人。五代时期青原系僧人，幼年出家，后于本地开元寺受具足戒。游方至福建，参雪峰义存禅师悟入。《五灯会元》载："一日，师（镜清）问："只如古德，岂不是以心传心？"峰曰：
"兼不立文字语句。"师
曰："只如不立文字语句，
师如何传？"峰良久，师
礼谢。"镜清问雪峰，不
立文字的语句，如何传。
雪峰沉默良久，镜清有悟，
施礼谢之。

　　再来看下彩蛋。

　　一日镜清问僧："门
外是什么声？"僧云："雨
滴声。"清云："众生颠倒，
迷己逐物。"又问："门
外什么声？"僧云："鹁
鸠声。"清云："欲得不
招为间业，莫谤如来正法
轮。"又问："门外什么
声？"僧云："蛇咬虾蟆
声。"清云："将谓众生苦，
更有苦众生。"

　　买一赠二，这三付药，
苦不苦，自己服了才知道。

我 哭

我哭泣因为我想哭泣
雨滴穿透千年石壁

如来从来不谤众生
众生却永远抱怨自己

雨水泪水金刚火焰
万古愁里有万古深情

他突破肉体革天之命
石头开悟一声喝断

苦难和死亡如是虚构
真相就在一杯茶里

生命究竟该怎样言说
南山北山倾盆大雨

举僧问云门："如何是法身？"门云："六不收。"

云门六不

云门此时说六不收。下回，他或许会说六收。以对治你的思维在收或不收上。再下回，他或许会说五不取。以对治你的思维落在数字上。再有人问，如何是法身？他干脆回说：法身。以对治你的思维穿凿太远。

以答见问，也以答治病。此僧病在六收，姑且认为是六根摄入之疾。可知其道行过半，六根却未曾清净。只有将六根空掉，方见本体。本体即法身，法身即清净身，清净则无染净，无染净则可染净，可染净则六根收不收都没关系。云何六不收，不过是一根橇棍，促其翻转发悟而已。古语有云："是法非思量分别之所能解。"若作解意，是钻牛角尖死胡同，故知其大概可也。

收有摄意，六收即六摄，六不收即六不摄。但是，收又有缩意，六收即六缩，六不收即六不缩，六不缩即六放。故六不收即可以是六不摄，也可以是六放开。六不摄则六根关闭，六放开则六根通达。云门此语，真是一语双关，不收名闭，亦名放，闭放自如，不落两端。此又是云门高明，翻作一层意思。下智作下会，上智作上会，云门亦云，会者自会。

若再强作知解，六不收对应六度般若：布施、持戒、忍辱、精进、禅定、般若。六度般若，若至不将不迎，不内不外，不收不放处，即见法身。此已是过度阐释，若再饶舌，我佛将笑断我的眉毛。

不妨见两侧旁例。一则为：

太原孚上座本为讲师，一日登座讲次，说法身。云："竖穷三际，横亘十方。"有一禅客，在座下闻之失笑。孚下座云："某甲适来有甚短处？愿禅者为说看。"禅者云："座主只讲得法身量边事，不见法身。"孚云："毕竟如何即是？"禅者云："可暂罢讲于静室中坐，必得自见。"孚如其言。一夜静坐，忽闻打五更钟，忽然大悟。遂敲禅者门云："我会也。"禅者云："尔试道看。"孚云："我从今日去，更不将父母所生鼻孔扭捏也。"

诸多经师，讲经、解经一流，然而是未了汉。实则未悟。此学者之通弊。言盐者未曾尝过盐味。这位孚上座正是如此，说来说去，以经解经，都是他人出处，非自家心地流出。故禅客失笑，孚于是惊，虚心下问。禅客之意在于让他自证自悟。需知，虚室静坐只是手段，多少人虚室静坐，沦为枯禅。孚到此关节，虚室静坐，不假外求，返观自身，外虑顿消，自机涌跃，便获悟性。于是向禅者报告，从今往后，恢复自家面目，不用再有造作痕迹。

另一则为：

又僧问夹山："如何是法身？"山云："法身无相。""如何是法眼？"山云："法眼无瑕。"

法身无相，法眼无瑕。多少好手心颂口传。但又有几人能获此悟性提升？句子是好句子，与你何涉？只道是他人的通达，如何成为你的明白？否则，只能成为一代一代的传人，你不懂不要紧，传下去，只要所传不断，终究会碰到根器好的开悟之人。

《金光明经》有云："佛真法身，犹若虚空。应物现形，如水中月。"这个可作标准答案，按此标准答案，你也可以做个经师。遇人即传此十六字教。只是需小心避让，莫让真禅客失笑。

四时

四时运行，万物并生

谁 在 后 面 转 动 乾 坤

一念既起，八方攀缘

构 成 我 们 的 小 宇 宙

除了自己的精神活动

没 有 什 么 是 真 实 的

也莫谈意义，自然而已

汝 就 活 在 一 道 光 里

每个人都有他的五更钟

可 以 听 到 生 死 和 天 地

南山的花朵不看不开

我 把 朽 木 格 出 黄 金

举王太傅入招庆煎茶，时朗上座与明招把铫，朗翻却茶铫。太傅见问上座："茶炉下是什么？"朗云："捧炉神。"太傅云："既是捧炉神，为什么翻却茶铫？"朗云："仕官千日，失在一朝。"太傅拂袖便去。明招云："朗上座吃却招庆饭了，却去江外，打野榸。"朗云："和尚作么生？"招云："非人得其便。"

太傅煎茶

这是五代时的公案。王太傅即居士王延彬，"开闽三王"之后，五代后梁时任泉州刺史，主政十六年。累封至检校太傅，故人称王太傅。师长庆棱公，一日去招庆寺饮茶。这招庆寺便是他发动修建的。朗上座正在给明招和尚斟茶，不料却把煮茶的茶壶弄翻了。这是第一个镜头。

第二个镜头：见此，王太傅便问朗上座："茶炉里是什么？"朗上座说："捧炉神。"王太傅说："既然是捧炉神，咋却把茶壶打翻了？"朗上座说："做官千日，失念一时。"王太傅不悦，拂袖而去。

显然，他本想打趣朗上座，却被朗上座反噬。然而，朗上座所言，又是机锋所在，什么是"仕官千日，失在一朝"，可不正是要自我反省么。所失在念，失念则行为不慎，行为不慎将导致恶果。所以，《金刚经》有言，"善护念"。好生护持，使其不失。不失便立于不败之地。一念失，则念念失，岂可不慎。苏东坡曾言自己是修行不慎，一念失去，便谪人间受苦："我本修行人，三世积精练。中间一念失，受此百年谴。"也正是此意。在官者，做官千日；修行者，修行千日。然而如何保持念头不失，则需要绵密、悠长的功夫。王太傅功夫不够，为人语言一刺，不加反省，反而恼怒。

再看第三个镜头：和尚之间的对话。王先生走后，明招和尚说："朗上座你在招庆寺这儿吃饱了饭，没事闲的，却跑到江边上去打野树根。”哈哈，他的意思是说你吃饱了饭管闲事。朗上座问：“要是和尚你会怎么说？”明招言：“是什么邪魔乘虚而入给弄翻的。”

这一段公案，特别有生活场景，也特别的语言生动有趣。禅机蕴于日常闲聊之中，全是拉拉杂杂话题，你把茶壶弄翻了，你把人气跑了，诸如此类。说它是公案亦可，不是公案亦可。若不作公案解，亦是特别好的白话小品。诸如“仕官千日，失在一朝”，“去江外打野榸（zhāi）”，“非人得其便”，都言之有味。

尤其是“非人得其便”之句，是此公案之眼。此一转语，由《维摩诘经》中而来：“譬如人畏时，非人得其便；如是弟子畏生死故，色声香味触得其便也。已离畏者，一切五欲无能为也。”当人有所畏惧时，非人便得其便，乘虚而入。如果弟子畏生死，五感便成五欲的通路。如果无所畏惧，五欲便不能入。心无挂碍，则无有恐怖，此勇猛精进之故。

碧岩录原书中，未将“非人得其便”解释清楚，此段公案便不可解。一旦解释清楚，便历历在目，卓然直下。胡兰成在《禅是一枝花》中将其释为“一时人手不便”，亦是未勘典故，故自作机抒而解，有失其当。

但我更喜“做官千日，失念一时”之句，其深得“时时勤拂拭，莫使惹尘埃”之旨，亦深得“念起心觉，善护念"之趣。未悟时，当使大招"莫使惹尘埃"；已悟时，可言小道"何处惹尘埃"。神秀之言，在于修持，是功夫之学；慧能之语，在于发明，是见性之学。能不能见性不知道，但功夫是要日常去修行把持的。高处着眼，低处着手。眼界要高明，手段要谦卑。高处着眼，即在顿中；低处着手，即在渐中。

明招和尚即明招德谦禅师，受罗山道闲印可，六祖后九世嗣。临终有偈："蓦刀丛里逞全威，汝等诸人善护持。火里铁牛生犊子，临歧谁解凑吾机？"日本禅学院将德谦高僧编入《中国100个著名和尚》一书。

朗上座即慧朗和尚，唐末五代僧。为雪峰义存之法系，长庆慧棱之法嗣。为同门中之翘楚。

赵野诗

道不

道不出语言后面的东西
岂能称作一个诗人

虚空如打破汝不能缝补
猛虎端坐大路中间

苍山顶上阵阵悲号
谁不是蝼蚁可逃脱苟且

当时只要踢翻锅鼎
天知道我也会起兵亡秦

去年钟爱过的一只蝴蝶
今年又飞到了窗前

逆水之波何如顺水之意
象征漂移，鸟迁徙

举三圣问雪峰："透网金鳞未审以何为食？"峰云："待汝出网来，向汝道。"圣云："一千五百人善知识，话头也不识。"峰云："老僧住持事繁。"

三圣金鳞

这天，三圣和尚问雪峰和尚："透网金鳞，不知道以什么为食呢？"雪峰答："待你出得网来，就跟你说。"三圣转语："你这样一个向一千五百人说法的大和尚，也就这样识话头吗。"雪峰又转语："正是如此，所以住持事繁啊。"

三圣曾在临济座下当院主，临济迁化时垂示："吾去后，不得灭吾正法眼藏。"三圣出云："争敢灭却和尚正法眼藏。"临济云："已后有人问尔，作么生？"三圣便喝。临济云："谁知吾正法眼藏，向这瞎驴边灭却。"三圣便礼拜。三圣被认为是临济接法真子。自临济受诀后，遍历诸方，诸方皆以高宾待之。

不料三圣碰到雪峰，可真是针尖碰上麦芒。二人机锋皆盛，俱是高明作家。三圣先出一招，透网金鳞，以何为食。圆悟克勤言："顶门有眼方谓之透网金鳞。须是超伦绝类得大受用。"在这里，透网金鳞代指得悟高僧。三圣问：老和尚，你开悟成佛了不同凡响，是不是就可以不吃不喝呀。雪峰自是不回坠入这等思维陷阱，不起思维相续之情，回了一招，笑骂道：等你心里没有网不网的，我跟你说。这句话很高明，但对于三圣而言，却很熟悉，也很套路。熟悉的套路，熟悉的配方。马祖有"待汝一口吸尽西江水，即向汝道。"洞山有"待洞水逆流，即向汝道。"药山有"待公牛生牛儿，即向汝道。"石霜说"待案山点头，即向汝道。"

心中所想，即为之缚，无缚则脱网，脱网即不生事。

三圣也反击一招：你这个大和尚，管着一千五百人呢，也就这样说话头啊。三圣此语，表面看是责备，实则是称赞。

雪峰则以一招化解于无：是啊，管得人多，所以住持之事繁。这句话貌似平平，却将对话消弥于无。

两个高手过招，句句刀锋剑影，杀人于无形。一个不慎，便有人头落地之虞。双方交手，此正是由险绝入平淡的招式。各各放过，不分胜负。

雪窦有颂："透网金鳞，休云滞水。摇乾荡坤，振鬣摆尾。千尺鲸喷洪浪飞，一声雷震清飙起。清飙起，天上人间知几几。"

三圣和尚的详情如下：他是唐代临济宗僧。生卒年、籍贯皆不详。住镇州（河北）三圣院，世称三圣慧然。曾至仰山，又参德山宣鉴、雪峰义存诸师。受临济付嘱，编集镇州临济慧照禅师语录一卷（即《临济录》）。

雪峰和尚的详情如下：福州雪峰禅师，名义存，得法于德山。唐懿宗咸通年中上福州雪峰山创禅院，法席常有千五百人众，五代梁太祖开平三年寂，寿八十七。

至强的风改变了修辞方向
桃花水汤汤鱼跃龙门

千钧之弩为鼹鼠发机
词语铩羽处，建立最高诗学

落叶上枝梢，抵达了不抵达
能指与所指无尽纠缠

至强

语言如成立，意义自显现
满山话头递着天惊艳

以长虹为线明月为钩
他洒几掬英雄泪，欲钓神州

汝天上人间打破樊笼
与自然共在，废黜一个时代

原典 举僧问云门："如何是尘尘三昧？"门云："钵里饭，桶里水。"

云门钵桶

云门禅机，时而险峻超拔，时而意味深远，时而平厚着实。有僧问：怎样是"尘尘三昧"？所谓尘尘三昧，即于一一微尘中，入一切三昧。意为一切诸法，融通无碍。

云门答得定当：钵里饭，桶里水。此答被后人称之为"云门钵桶"。钵里饭，粒粒皆圆；桶中水，滴滴皆显。可谓处处皆有尘中三昧。

四祖道信，有"一行三昧"之法。提出了五种禅修方便：一者，知心体，体性清净，体与佛同；二者，知心用，用生法宝，起作恒寂，万惑皆如；三者，常觉不停，觉心在前，觉法无相；四者，常观身空寂，内外通同，入身于法界之中，未曾有碍；五者，守一不移，动静常住，能令学者明见佛性，早入定门。（见《楞伽师资记》）

六祖慧能曾言"三昧"之法："善知识，一行三昧者，于一切行住坐卧，常行一直心是也。"六祖说："但行直心，于一切法勿有执着。"三昧者，即惠能所言"无念为宗，无相为体，无住为本"而已。

三昧，即三摩提，三摩帝。译言为定，为正受，为调直定，为正心行处，为息虑凝心。心定于一处而不动，故曰定。正受所观之法，故曰正受。调心之暴，直心之曲，定心之散，故曰调直定。正心之行动，使合于法之依处，故曰正心行处。息止缘虑，凝结心念，故曰息虑凝心。

《智度论》中有:"善心一处住不动,是名三昧。""一切禅定,亦名定,亦名三昧。""诸行和合,皆名为三昧。""是心从无始世界来常曲不端,得此正心行处,心则端直,譬如蛇行常曲,入竹筒中则直。"

尘尘三昧,即处处三昧,在在三昧。若人能定,何处不是三昧。三昧即定,定即通禅。通禅则一念不生,一念不生则全体皆现。若言三昧,此是三昧。三昧是一不是三,三昧即一行,一行即三昧。一行即一切行中。坐卧立行,概莫能外。于一行中得三昧,则自能体会钵里饭,桶中水,历历于受、彻彻在性。

云门答"钵里饭,桶里水",此语平实,无甚机锋可言。此处不显机锋,盖因对治僧之玄远一病。不要问如何是尘尘三昧,眼前钵里饭,当下桶里水便是。若知饭滋味,便知佛法不虚。若知水滋味,便如鱼饮水,已经受用。若知钵知桶,料理停当,便知空知体,知透知漏,大千所覆,四方所载,无一不在此钵此桶中。故"云门钵桶"得一切力,修一切法。自家拿去,便可继承衣钵。他人识得,便能桶底脱落。岂不妙哉,何须言哉。

此正是不立文字之妙。一个话头,参。一个截句,悟。俗人怕斩落上下文关系,唯禅不怕。俗人怕断章取义,唯禅对断章取义而大喜。

若章不断,怎有义取?此正是禅学的千古消息。

佛具

佛具三十二相，不落吃相
　　十字街头解开布袋

有限里才能看到无限，咦
一茶一饭撼动存在

外套抛却，且过云水生活
　　真心难容善恶进入

北斗仍在北，南斗还在南
瀛桥杨柳不问长安

夜行人侵犯了黑夜的权利
　　他的袖中藏着东海

丛林红旗闪烁，苍山风起
但发明一片新田地

举雪峰住庵时，有两僧来礼拜。峰见来，以手托庵门，放身出云："是什么？"僧亦云："是什么？"峰低头归庵。僧后到岩头。头问："什么处来？"僧云："岭南来。"头云："曾到雪峰么？"僧云："曾到。"头云："有何言句？"僧举前话。头云："他道什么？"僧云："他无语，低头归庵。"头云："噫！我当初悔不向他道末后句，若向伊道，天下人不奈雪老何。"僧至夏末，再举前话请益。头云："何不早问？"僧云："未敢容易。"头云："雪峰虽与我同条生，不与我同条死。要识末句后，只这是。"

雪峰归庵

雪峰岩头，原为一家，共奉德山。雪峰一次向岩头说起，曾吃德山一棒，如同桶底脱落。岩头却喝斥说："你不闻道，从门入者不是家珍。"雪峰大惊，敢问究竟。岩头又说："后若欲播扬大教，一一从自己胸襟流出，将来与我盖天盖地去。"雪峰始知真理，连说："师兄，今日始是鳌山成道。"

此两句话，皆是学问人格之根本。从他人门径入者，依葫芦画瓢，不是家珍。此是入门之学。即得有个入处，方有行踪。既有入处，尚得有个出处，才得豁然。出处则是，一一从自己胸襟流出，盖天盖地，自我方能独立。此是出门之学。

入门之学，须"吾丧予"，完全无我，由经注我，由师注我。出门之学，须"万物森森在吾下"，完全是我，我注经纬，我注师人。依师依法，始得门径；离师离法，方称独雄。

此番要说的是，两僧游学，先访南方雪峰，雪峰只是倚门而问，是什么，什么是，哪个是，是哪个。类同于当今哲学家之发问：何其所是。二僧不解，只得人云亦云，是什么。雪峰播下一个道问学的种子：是什么。二僧自是心下发酵，存疑有焖。好一个借机植入。雪峰遂无语归庵。

及至二僧北往，参访雪峰的师兄岩头。岩头询后，打趣道：我这个师弟，我没告诉他怎么答话，他就没有末后句了，我要跟他说了怎么回答，天下人奈何不了他。二僧也不敢多问，结夏安居后，再次请益，说出所惑。岩头说：雪峰与我，虽是同一个老师，所学虽同，所教各异，这便是末后句。

雪峰无语归庵，亦是契机。此正是雪峰教法。是什么？是无语，是空，是该归庵归庵，全不落言诠，尽在平实、老实、真实的利落禅风中。雪峰此一教法，尽从德山处来。昔年与岩头同侍德山。德山托钵至法堂，雪峰有疑："钟未鸣，鼓未响，这老汉托钵向什么处去？"老师很奇怪啊，还未到饭点，他托钵去哪儿呢？只见德山并未回答，低头归方丈室。无语而归，这便是德山的教法。

雪峰纳闷，便问岩头，师父这般行事，所为者何？岩头故意说：德山他不懂怎样回答。德山闻之，唤岩头而问：你不肯定我的教法么？岩头遂跟他说了密启雪峰的缘由。德山心下甚慰，知二人有所开解。次日上堂，德山容光焕发，岩头则又故意说："且喜老汉（德山）会末后句，他后天下人不奈他何。"指东打西，疑上增疑，这是岩头的教法。

　　岩头又来作戏二僧，便说：哎呀，我当初悔不该没跟雪峰说跟德山说过的末后句呀，要是说了，天下人也奈何不了他呀。其实有末后句吗？没有。末后句是空，后截话是无。然而二僧必然会问"末后句"是甚，岩头遂说："雪峰虽与我同条生，不与我同条死。"要知末句后，这便是。这意思明了，他是他我是我，他有他的句号教人，我有我的省略号教人。我虽知他，我怎知他。同条生而不同条死，同机而不同用，这是岩头的教法。

　　后有招庆和尚(雪峰法嗣)问罗山和尚(岩头法嗣)，岩头有个话头"恁么，恁么，不恁么，不恁么"，啥意思？怎样，怎样，不怎样，不怎样。罗山遂喊了招庆一声，招庆应声而喏。罗山便说："双明亦双暗"。招庆不解。罗山又说："同生亦同死。"招庆有悟。

　　此一话头，尚有余音。又有僧好事，问招庆："同生亦同死时如何？"招庆回答说："合取狗口。"闭上狗嘴。僧又来问罗山："同生不同死时如何？"罗山言："如牛无角。"僧又问："同生亦同死时如何？"罗山言："如虎戴角。"

　　罗山这个套，下得深。如牛无角，那是不可能的。如虎戴角，那也是没有的。招庆倒是截当，闭上狗嘴。冤枉死了几只动物，被拿来作道具。

若知体用一如、真幻一如。便知：同生亦同死。若知体不变而用万变，便知：同生不同死。若知体用一如、体不变而用万变；便知：同生亦同死可也，同生不同死，亦可也。

末后句呢？末后句可有、可无、可棒喝、可言灭、可转语、可同声、可省略、可反诘。不被岩头欺瞒，便能自行了断。

注

唐时高僧道吾圆智禅师曾对洞山良价有云："昙晟不知有，我悔当时不向伊道。虽然如是，要且不违药山之子。"岩头是德山法嗣，德山与洞山两支多有往来，故必知此典"我悔当时不向伊道。"

诗
意

诗意在路上，如何抵达

我心勾连失眠的群山

举世滔滔，他孤注一掷

多少危言可以重来

如龙无足如虎戴角

心中碧岩汝道得么

时代沉浊不配好话语

鼓吾舌尚且吃饭去

一句果真能顶一万句

三世诸佛都立下风

五十年来总成一梦

何为归家，看门前雪

举僧问赵州："久响赵州石桥，到来只见略彴。"州云："汝只见略彴，且不见石桥。"僧云："如何是石桥。"州云："渡驴渡马。"

赵州石桥

略彴，独木桥之谓。一僧问赵州和尚，赵州石桥，天下闻名，未料却只是个独木桥。需知禅宗答问，玄玄风起，落落花开。所指非实指，皆有意蕴所在。不为现实障目，只为慧命洞然。故此僧所指，不在石桥，而在赵州也。不在外物景色，而在对面高僧。其言下之意莫过于：久闻赵州和尚大名远扬，到来相见也只是个普通老僧的样貌。

赵州和尚禅风平实、笃定。决不徒逞机锋，也不荒唐作意，更不漫扯无边。故就话答话：你只见独木，未见石桥。此僧果然上钩，更要追问。赵州言，渡驴渡马而已。

此是赵州和尚明心见性之语。其暗语则是：你只看到赵州和尚我的平凡外表，未见到我的心灵。如何是心灵？渡驴渡马、普渡众生而已。

若有分别心，便有木桥石桥之分。因有分别心，便有轻慢心，石桥宽大而木桥窄小。因有轻慢心便有贪着心，贪石桥之名响而须得一睹。因轻慢贪着而外露为言语行为则现嗔怒心。嗔怒心起，又陷悔吝之心，虽见得赵州桥，不过尔尔，不如不见。如此这般，执念相缠，私心相缚，直无一个息处。

此僧自是茫然，也不知赵州所言，渡驴渡马，他是否能有所省。若言石桥，渡驴渡马。石桥能渡，木桥亦能渡。此处涉及两大主旨：其一，桥之材料各具，而桥之性一，其性在于能渡，故须见性；其二，桥之材料各具，需透过现象见本质，现象在于材料，而本质在于见性，此乃明心。若只见现象材料，不见本质之性，则见地未明，心性未通。见地既明，心性既达，便是明心见性。

赵州与石桥，还有一例。某日，赵州与首座看石桥，问："是什么人造？"首座云："李膺造。"赵州云："造时向什么处下手？"首座一时语塞。赵州便说："寻常说石桥，问着下手处也不知。"

造时向什么处下手？凡人初逢此问，必然语塞。此一语塞，盖由于日常所及，浑浑沉沉，精神欠佳，故不能应对。古人常于语默动静之际，便能见人之昏耽灵性。灵则不昏，昏则不灵。不落昏沉，便能昭昭如龙珠；一入杂念，只得昧昧似塞丸。昏沉者，呼吸气脉必然杂乱急促；灵冥者，则气血所至条畅通达。此番须向什么处下手？提起自家精神方是。所见石桥，不过是李膺精神所造。此"以心转物"之理。若知心能转物，便知心物一元。心外无物，万物皆心。何处下手？下得手处，且下手。此便是高明作家，非凡圣手。

曾有僧问赵州："清净伽蓝，为什么有尘？"清净的寺院为何有尘？赵州云："又有一点也。"

这点尘，就是你的尘念。问尘者，即是尘问。

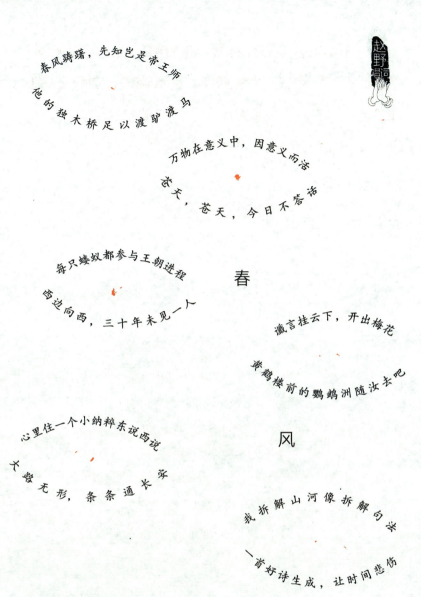

春风踌躇，先知岂是帝王师

危的独木桥足以渡驴渡马

万物在意义中，因意义而活

苍天，苍天，今日不答话

每只蝼蚁都参与王朝进程

西边向西，三十年未见一人

春

谶言挂云下，开出梅花

黄鹤楼前的鹦鹉洲随汝去吧

心里住一个小纳粹东说西说

风

大爱无形，条条通长安

我拆解山河像拆解句法

一首好诗生成，让时间悲伤

举马大师与百丈行次，见野鸭子飞过。大师云："是什么？"丈云："野鸭子。"大师云："什么处去也？"丈云："飞过去也。"大师遂扭百丈鼻头，丈作忍痛声。大师云："何曾飞去。"

053

百丈野鸭

马大师即马祖大师，百丈即马祖门下百丈怀海。二人出行，见物飞过。空中有迹，遂有此问。是什么？野鸭子。什么处去也？飞过去也。马大师遂拧住百丈鼻子，百丈吃痛作声。马大师说，何曾飞去。

公案可解，亦可多解，亦可无解。无解是解，解得即无。若解得而得意，则并未得解。故公案不可说可解，亦不可说不可解。然而要他人略为上路，姑且去解。

此之谓：是可解，非可解，名可解。知此是非名，即知公案三昧。

马祖大师教人，素来天马行空、手脚并用、沉痛愉快。六祖慧能昔年对南岳怀让预言："向后佛法从汝边去，马驹蹋杀天下人。"曾有一僧，前来问祖师西来意。马祖言我来告你。僧上前跪拜，马祖一脚将其踢翻。僧大笑而悟，"自从吃了这一脚，直到如今笑不止。"此是"马驹蹋杀"的教法。

而这一公案，有物掠过，掠则即生，过则即灭。即生即灭，生灭一如。空中生有，有还归无。茫茫天际，野鸭子飞过。不难想起泰戈尔《流萤集》的句子："天空没有翅膀的痕迹／而我已飞翔过"。（I leave no trace of wings in the air, but I am glad I have had my flight.）

然而马大师手眼通天，一句拧鼻语"何曾飞过"将之击得粉碎。一种可解：野鸭子仍在脑海痕迹之中，何曾真地飞过去了，拧鼻知痛，野鸭子在脑海中的形体方才真正消失。另一种可解：野鸭子飞走，心即跟着飞走，若让此心回到腔子里，则须知无物可迁、何曾飞过，本来无一物，应无所住、而生其心，故此拧鼻知痛，心即得正。

无论哪一种可解，马祖大师真正以痛治病、手到言到，病即得除。这一公案尚有下集：次日，百丈怀海便同异人。其身心剧烈波动、得独立自由之旨。先是上堂时，百丈旁若无人、卷席就走。马祖知百丈慧命已熟，言："尔深知今日事。"百丈回得宿舍，先是哭了一阵。后又笑了一阵。旁人相问，百丈言："我适来哭，如今却笑。"

人有生命，亦有慧命。生者，哭也；慧者，笑也。未有慧命之前，生命白活了，故有一哭；人之成人，得其慧命，故必一笑。一悲一喜之际，百丈心性已壮大。

凡夫贪生而不知慧，勇士向死而不恋生，故勇者能慧。凡夫以智取，以智为慧，却终难为慧。勇士能舍生而取义，故慧自在义中。独立、自由之品质，即我佛之品质。独立、自由之人格，即我佛之光芒。勘破生死、不畏威权，此便是百丈卷席而去之举。马祖出招，杀人手段即是活人心肠。故知精神上的弑父、弑祖师、呵佛骂祖，绝非大逆不道，而是大逆能另道。如此则山河万朵，门庭尽开二月花。

要想人不死，先得死个人。知慧命者，知生死一如，即不死也。有大勇者，不畏生死，便能赴死也。

俗语云：智勇双全。此勇即慧。慧者必勇，勇者必慧。吾未见慧而不勇及勇而不慧者也。智者入世，勇者出世。智勇双全，世上希有几人？

一只野鸭从眼前飞过
你问我，那是什么

我说是一只野鸭子
或一个执念，奔赴死

生命需要重新检讨
风吹皱春水干卿何事

每个和尚如都说谎
千年铁索落在我身上

劫难正为着约定而来
亡灵还值得抱紧么

我心猿意马冒犯群鸟
草鞋没样边打边像

一只

举云门问僧："近离甚处？"僧云："西禅。"门云："西禅近日有何言句？"僧展两手，门打一掌。僧云："某甲话在。"门却展两手。僧无语，门便打。

云门展手

近离甚处,即近来从甚处离开之意。僧答,西禅处。云门问,西禅最近可有话说。僧展两手。这就开始打哑谜了。二人有如猜拳。僧展两手,云门出一掌。僧说:我说过了。云门却展两手。见僧无语,云门便打。

某甲话在,某甲代指自己。我的话在。我的话已说过了。意指西禅近日未有言语,常以展开两手示人。学人多解"某甲话在"为"我还有话要说",是不明西禅言句。云门自是会家,故展两手示之。见僧不会,云门又打。

此公案关节有三:其一,僧展两手,云门打之。云门之打,意在破除僧落西禅之念。其二,僧以为云门不解,出语解释。门自是能意会,故以两手相展。其三,僧念茫然,机或有失,云门再打。

云门机锋,俱是活人手眼。奈何奈何,只不知此僧接不接得住。云门教人,相机而行。念起念失,俱是机窍锋端。知机者,如风车翻转,不落一边。不知机者,如磨砖无镜,闷然若失。云门大机大用,语默动静、言行掌拳,皆是作家。

应机者,可不是在猜拳哑谜间么。猜谜与勤奋无关,花多少功夫也猜不透。直得便直得了;直不得,做多少功课也无用。倘一时磕着碰着,恍如天启,自是有获得悟。猜谜者,若勤加练习,便成套路。知道套路,穷尽公案,有助于成为专家,无助于开悟。故专家有学,悟者无学。——男性可以写出"如何生孩子"的教材,但总归是自己生不出来的。

故公案者，在参不在学，在悟不在习。若总结其规律，以为有得，便已失得。若翻遍公案，字句细觅，以为彻悟，实则已陷入狂禅而不自知。故知公案者，必知不立、不离之意，必有勿忘、勿助之心。云门手眼，俱是佛心；一拳一掌，皆是婆意。怎可不知？

西禅即西禅和尚。福州西禅懒庵鼎需禅师，大慧宗杲禅师之法嗣，俗姓林。鼎需禅师二十五岁时，因读《遗教经》而弃儒入禅。

一日，宗杲禅师问他："内不放出，外不放入。正恁么时如何？"鼎需禅师欲应，宗杲起竹篦，照其背脊，连打三下。鼎需豁悟，厉喊："和尚已多了也！"宗杲又打了一下。鼎需便拜。宗杲笑道："今日方知吾不汝欺也。"作偈印可："顶门竖亚摩醯眼，肘后斜悬夺命符。瞎却眼，卸却符，赵州东壁挂葫芦。"

鼎需悟后，住福州西禅寺，开法接众。有上堂法语云："懒翁懒中懒，最懒懒说禅。亦不重自己，亦不重先贤。又谁管你地，又谁管你天。物外翛然无个事，日上三竿犹更眠。"

公案繁多，有些是真悟，有些假悟。有些是实，有些是权。然而真假一如，幻空一体。故为学者，考据其真假，自能成一学派。外物可假造，真心不可夺，故此亦能超然直上，自家受用无穷。

不瞒住自家真心者，便是英雄。

我在找一种古典的力量
来对抗当下的晦暗

我生长的文明如此成熟
每个人都成它的同谋

我要么是一切，或者
什么都不是，像报废的瓮

我朝未来的莫测背转身去
与想象的祖师安宁相处

他们或许就是我的一个梦
而我又端坐谁的梦中

我其实就活在语言里
并在语言里不断完成自己

我
在

举道吾与渐源至一家吊慰，源拍棺云："生邪死邪？"吾云："生也不道，死也不道。"源云："为什么不道？"吾云："不道不道。"

回至中路，源云："和尚快与某甲道，若不道，打和尚去也。"吾云："打即任打，道即不道。"源便打。

后道吾迁化，源到石霜举似前话，霜云："生也不道，死也不道。"源云："为什么不道？"霜云："不道不道。"源于言下有省。

源一日将锹子，于法堂上，从东过西，从西过东。霜云："作什么？"源云："觅先师灵骨。"霜云："洪波浩渺白浪滔天，觅什么先师灵骨？"源云："正好著力。"太原孚云："先师灵骨犹在。"

道吾不道

且看这两和尚，与人吊唁，全无半点正经。渐源和尚至前拍棺，似在自问：是生是死？这道吾和尚不愧是其师，接语倒快：生也不道，死也不道。渐源问：为何不能说？其师道吾言：不道不道。

这渐源有些恼，回寺途中，对师父说："和尚快告诉我，若是不说，我要打人了。"道吾于是说：打即任打，道即不道。（道吾是唐时僧，此句"打即任打"后来为宋初龙牙禅师引用为："打即任打，此处没有祖师西来意。"见碧岩录第二十则）渐源和尚于是真正动手了。

待道吾圆寂，渐源依师兄石霜和尚学习。将前事尽告以问，石霜仍是回答："生也不道，死也不道。"渐源仍问："为什么不道？"石霜说："不道不道。"这次，渐源于言下大悟。

唉，不道不道。生也不道，死也不道。打即任打，道即不道。这几可为经文，可为口头禅法。为何不道？人虽死，性不灭。现象虽逝，本体不灭。肉身虽毁，意识不灭。故不能说生，也不能说死。不言生，不言死，即知生死一如、即知非生非死、即知即生即死、即知且名生死、即知方生方死、即知不生不死。而道即不道呢？说就是不说，不说就是说。我明明什么都说了，你却没听明白。其实，为师比你更着急，但你就是不懂。为师也不能多说，多说就是错。但是，你总该懂得，道即不道，生即不生，死即不死，生即是死，死即是生啊。

道吾圆寂迁化，但他还存在吗？这又是个问题。然而渐源已开悟，了然于胸，全无挂碍。把锹于堂上，走来走去，寻先师灵骨。石霜见着，说："洪波浩渺白浪滔天，找什么找？"渐源说，正好是个着力处。太原孚上座听闻此事后，欣然说："先师的灵骨还在啊。"这是许可渐源悟道了。

"洪波浩渺白浪滔天"，亦是个名句。佛性铺天盖地，先师灵骨无处不在，若有感彻，如见洪波白浪，哪里用得着找。渐源回答得亦妙，也是个精要之句："正好着力。"觅师灵骨，即觅佛性，即觅真如，此处正好着力。此时，二人俱是作家，能印彼心。加上会心者太原孚，直是道吾法性不灭，一脉三传。吾道不孤，令人欢喜赞叹。

回到那个命题，生邪死邪？洞彻于此者，则心法已传，世无所欺，获绝大自由。在此下一转语："身是无头尸，心是无尸头。无头亦无尸，无心亦无身。"且莫不道不道，且试快道快道！

出来谢个幕：潭州道吾山圆智禅师，唐时僧。资料中有时写作道吾圆智，有时写作道吾宗智，全是他。中年出家，投药山惟俨禅师。圆寂时头盖骨烧之不化，色如黄金，敲之铜声。石霜、渐源、太原孚，皆其弟子。尤以石霜庆诸发扬光大。

雪窦此颂，合作结尾："兔马有角，牛羊无角。绝毫绝厘，如山如岳。黄金灵骨今犹在，白浪滔天何处著。无处著，只履西归曾失却。"

放
眼

放眼望去心中忧伤
继续热爱山林和玄学

世既弃我，我亦弃世
左手切切温暖右手

生耶死耶不道不道
一首诗要如何写到老

千句万句其实就一句
生得清澈死得明白

没有胜利值得赢取
也没有终点需要抵达

银杏叶落一地金黄
起风了，燕子已过江

举良禅客问钦山："一镞破三关时如何？"山云："放出关中主看。"良云："恁么则知过必改。"山云："更待何时。"良云："好箭放不著所在。"便出。山云："且来，阇黎。"良回首，山把住云："一镞破三关即且止，试与钦山发箭看。"良拟议，果然摸索不著。山打七棒，云："且听这汉疑三十年。"

钦山一镞

哈哈，钦山这七杀棒，必是向德山学的。昔年，钦山参访德山，被打得一病不起、垂头丧气，言德山打得"是且是"，未免太狠"煞"。然而，钦山文邃在德山宣鉴棒下并未开悟。料是打得太狠？钦山转投洞山良价习禅，始获悟入。

再来解何为"一镞破三关"。此语首现归宗智常禅师的偈颂："一镞破三关，分明箭后路。"三关之说，由其师马祖道一所传，曾言"即心即佛，非心非佛，体会大道去"三句。此三句即对应修行三次第，也就是三关。三关之说，宗门有"初关、重关、牢关"之谓。

其时，僧问："和尚为什么说，即心即佛？"师曰："为止小儿啼。"曰："啼止时如何？"师曰："非心非佛。"曰："除此二种人来如何指示？"师曰："向伊道不是物。"曰："忽遇其中人来时如何？"师曰："且教伊体会大道去。"

钦山师兄为百丈怀海，其入道因缘，便得三关之妙。

初关：野鸭飞过，马祖问："甚处去也？"百丈曰："飞过去也。"祖扭百丈鼻，负痛失声。祖曰："又道飞过去也"。百丈言下有省，随悟即心即佛之旨。归寮大哭大笑。次日，马祖肯首他深明昨日事（破参）。

重关：及后侍立次，马祖目视拂子。百丈曰"即此用，离此用"。马祖曰："汝向后开两片皮（说法）将何为人师？"百丈取拂子竖起。及后，祖振威一喝，师直得三日耳聋。乃一根归原六根同寂，直趋无生。此入重关，非心非佛之谓也。

牢关：从此自己体会大道去。"灵光独耀，迥脱根尘，体露真常，不拘文字，心性无染，本身圆成，但离妄缘，即如如佛。"乃踏牢关，证真如法界了。

百丈怀海自己对三关犹有心得，曾言："夫教语皆三句相连，初中后善。初直须教渠发善心，中破善心后，始名好善。菩萨即非菩萨，是名菩萨。法非法非非法，总与么也。若只说一句，令众生入地狱。若三句一时说，渠自入地狱，不干教主事。说到如今鉴觉是自己佛是初善，不守住如今鉴觉是中善，亦不作不守住知解是后善。"

百丈强调要透三句。其道："有大智人，破尘出经卷。若透得三句过，不被三段管，教家举喻如鹿三跳出网，唤作缠外佛。""三句外省去，六句内会取。""透三句外，是名不堕诸数。""透三句不过，此人定言有罪。若透三句外，心如虚空，亦莫作虚空想，此人定言无罪。"

三句即三段，三段即三关。而"一镞破三关"者，不立阶次，当下便悟，超然直入。一句中含有三句。

知得"一镞破三关"之名言，再来看钦山与巨良禅客的公案。

巨良禅客参访钦山文邃，问"一镞破三关"之旨。钦山回说：如何是关中之主，哪个是关中之主，放出关中之主看看。巨良心知落空，出言求饶：如此说来，我得知过便改。钦山回说，更待何时。巨良于是说：箭是好箭，只是落空了。便要走。钦山哪里能放过，一把拉住巨良，言：你的箭要破三关我不追究了，现在且发一支箭射我试试。巨良正想如何回话，钦山已经连接七闷棍夯来，嘴上嚷道：让你这汉子再去想三十年。当然，汉语缺时态，所以一句含三句：过去、未来、现在。汉语天生就是禅。因此也可以说，"且听这汉疑三十年"是指，过去已想了三十年，未想透。未来还得再想三十年。何不当下听这言语中的三十年。唉唉唉，汉语天生没有语法，天生却有禅法。

这一台好戏，机锋叠出，箭来棒杀。巨良先射出一箭，这是一箭透三关之箭。钦山揭露，所射无主。巨良有醒，发露说"好箭放不着所在。"钦山说，你再射我一箭试试。不待巨良运思，钦山已将七杀棒举起，杀他个三十年。

这则公案完则完了，不料《五灯会元》中竟还有续篇。只好再考证一番。下集则是：有僧举似同安察，安曰："良公虽解发箭，要且未中的。"僧便问："未审如何得中的去？"安曰："关中主是甚么人？"僧回举似钦山，钦山曰："良公若解恁么，也免得钦山口。然虽如此，同安不是好心，亦须看始得。"

一僧好事，将此公案说与同安和尚。同安和尚评价说，巨良虽知如何发箭，然而失却目标。僧问：怎样能射中？同安只是回答说："关中主是什么人？"僧不解，又去找当事人钦山打小报告，钦山毒舌说，巨良要是会，也就不用我开口了。虽然如此，同安也没安好心，看一场打斗，自己始有所得。言语中称巨良和尚为良公，可见巨良和尚岁数近老。

碧岩录的原唱作者、宋代高僧圆悟克勤还是很称许巨良禅客，他称："良禅客也不妨是一员战将，向钦山手里，左盘右转，坠鞭闪鞍，末后可惜许弓折箭尽。虽然如是，李将军自有嘉声在，不得封侯也是闲。"

此战之后，钦山一镞破三关，始成为禅宗名案。后世有定谳：以一箭射破三道关门，比喻一念超越三大阿僧祇劫、一心贯彻三观、一棒打杀三世诸佛，不经任何阶段而直参本来面目。

据传，鉴真东渡日本弘法演教之前，曾来钦山寺住持，研习佛门典籍，在东渡所率僧侣中，即有钦山乾明寺僧人。因此日本佛教曹洞宗系尊钦山文邃禅师为其始祖。

留个话头，归宗智常所言："分明箭后路"，又作何解？唉，前念刚过，后念又起：真是眼见着钦山从脑海中提棒来杀。

一生

我们仅存于特定的时空
在某个时刻走向黑暗

星辰让哲学不自信
他振臂一呼，我三日耳聋

我知空有，在苍山下
倚着东风看渔樵闲话

一生会遇到很多问题
还好，我能给出诗的答案

我可以用语言了断一切
一句话唤回转世桃花

生命是一个不易的象
所有的告别都无需惧怕

原典　举僧问赵州："'至道无难，唯嫌拣择'，如何是不拣择？"州云："天上天下，唯我独尊。"僧云："此犹是拣择。"州云："田厍奴，什么处是拣择？"僧无语。

赵州不择

是僧就该发问，有问则有学，无问则无学。一问一答，即成学问根本。"至道无难，唯嫌拣择"一句，多少人知得，然而少有人行得。拣择则有分别心，有分别心则与世界的整体性失去联系。当世界不在"同一"当中时，我便成为分离的、抛弃的那一个个体。我的生命能量感便会衰亡。当我们说一个人孤独时，并不是指他与世界割断联系，而是指他更深刻地与世界的整体性保持连接。孤独是一种关于世界整体性的意识。孤独唯一，世界唯一。若有分别心，最终则会如同一片落叶，失去了与般若之树相联系的可能性。

禅宗三祖僧璨的《信心铭》，开章便曰："至道无难，唯嫌拣择；但莫憎爱，洞然明白。"然而"但莫憎爱"一句，多少人会起疑情，或误入歧路。在修行上下功夫，成为一个铁石心肠或无爱憎之感的人。这并非"但莫憎爱"之本意。假设你有十个孩子，你固有憎时、爱时，对十子之憎喜也有所不同，但是，你爱他们的心却无分别。弱者，你会怜爱；愚者，你会偏爱；慧者，你会放心之爱；强者，你会放手之爱。虽你对十子付出的时间精力和表现形式各有不同，但你爱他们的心却是一平如水的。此之谓但莫憎爱。外在的情绪可以表现为有憎有爱，内心深沉的情感却是了无分别，一视同仁。

能一视同仁者，即知世界的本来面目，盈亏有时，善恶有时，悲喜有时。然而算起总账，却是左手倒右手，造物主全无所失、功德圆满。造物主即天地，天地即父母，父母即爱人如子、视如己出。了此之意，即洞然明白。

赵州和尚倒也答得巧，他引佛祖菩提树下悟道之语："天上天下，唯我独尊。"此我，是证得与造物主同在之我。我与造物主是同一的，一切唯心识所造，心识在我。故至道即是多途。拣择即是不拣择。也就是俗语所言"条条道路通罗马"。所有情况都能接受，便也不存在拣择了。只有你不情愿接受某一种情况时，或认为有一种情况比另一种情况有优劣之分时，拣择才出现了。所有的焦虑、痛苦、不安，皆来于此。而宁静的心态，就此被打破，人进入到一种交叉小径的迷宫花园里，从而不断地迷失掉自己。这正如西谚的故事：有一头笨驴，看着两堆草，不知道该吃哪堆好，最后饿死了。而西哲也有言：人不能同时踏入两条河流。因此并不存在拣择，服从你内心的直觉、情感的好恶，以及理性的思考。就像为了谋生，学生选择医学或律师专业，但最后发现自己喜欢的是艺术史或文学，也免不了要最后改了行，按让自己舒服的方式行事。因此我们说，服从自己的内心，而不是现实考量，可能反而是一个捷径。是一个至道。至于中间要多吃多少苦、多承担多少代价，恰恰是其可贵之处。所有自己争取到的自由，必得付出相应的代价。

天上天下，唯我独尊。要按自己的意旨来办，而不是屈从于他人的意志。
这才是独立人格的表现。
至道无难，不要受他人或
外界的引诱迷惑，不要陷
入拣择的考量之中，从心
之欲，方能获得自由。

　　僧回答说，这还是拣
择呀。僧的这一句非常妙，
一下子就从问答中拨出来
了。赵州和尚指了一条路，
是佛陀指引的，天上天下、
唯我独尊。但这还是一个
选项呀。僧没说错，而且
很高明。

　　可惜的是，当赵州
和尚作狮子吼时，僧无语，
气焰被打了下去。赵州吼
道：田骷髅，蠢货，死人，
哪里是拣择，你说！僧一
时接不上话来，错过了机
锋将启。

　　换作是你，这句话该
怎么接？

至 道

至道无难，唯嫌拣择
和尚，如何是不拣择

天上天下，唯我独尊
小子，蚊虻敢戏猛风

万法本闲而人自喧闹
和尚，虎须拔不得么

小子，今朝云又升起
虚空出世只在你脚底

眼前明亮若有一道光
我自觉醒招谁的言语

宁愿叫皇上的江山乱
不可以悟道的次第断

原典 举僧问赵州："'至道无难，唯嫌拣择'，是时人窠窟否？"州云："曾有人问我，直得五年分疏不下。"

赵州分疏

此僧灵敏，见禅林多以"至道无难，唯嫌拣择"为话头，苦苦去参，去不得个出处。因此相问：这岂非是时人进入死胡同的表现？赵州和尚对此也是颇有感慨，直话直说：是啊，曾有人这样问我，我想了五年，也没有答案。

这能算公案吗？平常答话而已。《碧岩录》为何要录此语？赵州这次真连半点机锋没有。他如实所想，如实所答。会语者，从机锋高迈到语答平实，此正是宗风从峻烈转向厚道之处。而赵州和尚，则是一个关键性转换的人物。

赵州从谂，昔年跟随南泉普愿，曾问："如何是道？"南泉答曰："平常心是道。"这句话，可以说被赵州深深铭记，故此赵州虽悟性极高，却不作狂状。对上人，有机锋相迎；对下人，则厚道不拒。他依止于南泉时，因南泉高妙，故此常与南泉上演双簧戏法。而他自立传法时，因宅心仁厚，则又厚道平实如老水牛。

无生灭、无来去、无增减，即谓平常心；不可说、不可取、不可得，即谓平常心；无所住、无所生、无所忍，即谓平常心；饥来饭、渴来饮、困来眠、即谓平常心；恰恰用心时，恰恰无心用，即谓平常心；大道至简归一，故无拣择不二，即谓平常心。

若识上述之心，谓为平常心，则又是头上安头，已非平常。故此，只能体悟，不能言说。若有言说，不如诗偈。且看会者之言。

南北宋交际间，鼓山士珪禅师偈曰："若谓平常心是道，枝蔓向上更生枝；贴肉汗衫如脱了，唤来眼上与安眉。"

其师弟大慧宗杲禅师偈曰:"劝君不用苦劳神,唤作平常转不亲;冷淡全然没滋味,一回举着一回新。"

南宋无门慧开禅师偈颂最为精妙:"春有百花秋有月,夏有凉风冬有雪;若无闲事挂心头,便是人间好时节。"

赵州是唐代高僧,而至宋时,其宗法已江湖流传,妙篇连接。赵州当年,回家乡看望受业师(剃度他的和尚),听说父母要来探望,遂连夜遁行。留话说:"俗尘爱网,无有了期。已辞出家,不愿再见。"其决绝之意,非狠心、放心、平常心之人,而莫能办到。民国弘一,明心忍性,弃家别妻,与之相比,几可互映。

赵州跟随南泉学法二十多年,离开时已五十。又江湖游荡三十年,遍访各门家宗子侄。若人问,老大不小,该住庙了。他则概回:那是你的地,不是我的地。一日访来,同门师弟茱萸禅师喝斥:老大不小,自己住处也不知。赵州不怒反喜,言:"三十年弄马骑,今日被驴扑。"相当于夸赞、印证了茱萸的自由心性、无拘无缚品格。

年过八十,赵州依河北信众请,住于赵州观音院,遂以赵州之名扬世。此正是南禅北传的功德,北方小庙、荒村破院,自此香火流传,终成百代枢纽,名寺重刹。

有僧人问赵州:"大难来时,如何回避。"赵州答:"恰好。"此正是不拒不迎,逆顺皆亡之意。恰好。

若人悟得,平常语亦是深深密密意。若人不曾悟得,深密之意亦是平常语而已。

到处

到处都是黑暗，和尚
一次拣择，一个巢窟

佛说有漏皆苦，小子
一切体制皆自带邪恶

和尚，一叶舟载大唐
劫难到来该如何闪躲

小子，古镜果需打磨
百年后还会有诗人么

妄言风一般塞断众口
南北东西，鸟飞兔走

宁愿叫皇上的江山乱
不可以良知的根子断

举僧问赵州："'至道无难，唯嫌拣择。才有语言是拣择。和尚如何为人？"

州云："何不引尽这语？"

僧云："某甲只念到这里。"

州云："只这至道无难，唯嫌拣择。"

059

赵州无难

如同魔咒，赵州跟这话干上了。三度成为公案话头。又有僧问，如何是至道无难唯嫌拣择，一旦说出便已经是拣择了，和尚您如何为人开示呢？赵州言：你说完呀，我对别人开示的话。僧说：我只知道这些。赵州遂说：我为别人接引也就是只念到这里啊，至道无难、唯嫌拣择。

止于此而已。止于此便止于至善。没有什么多余的花头。莫再说东说西，全在浮光掠影，凑泊强解。只悟这一句，只参这一句，悟到豁然有省，参到天地翻转。哪有余事，哪有别的方法，哪有那么多的响头。

赵州此语，对治的正是东寻西摸之症、丢三找四之举。不同的人，有不同的际遇，也有不同的毛病，因此要以不同的方法施治。有次雪窦和尚同样拿此语考问宗道和尚，宗道和尚则答："畜生！畜生！"人人抱着这句话死参，可不是畜生是什么；参死参活忽有所悟，愿意为世人做牛做马，可不是畜生又是什么。故未参透者，如畜生之愚；已参透者，如畜生之善。一句解得千百句，一句中含千百句。也只是个"至道无难、唯嫌拣择"而已。

此则公案，僧之所问，颇有点语言分析哲学的味道，言"才有语言是拣择"。当你说出，便已是检选，已是拣择。维特根斯坦曾认为，哲学的本质只能在语言中寻找。恰是此意。而他又说"凡是能够说的事情，都能够说清楚；而凡是不能说的事情，就应该沉默"。这句话正好用来解释禅的宗风，既要不立文字，因为不能说；同时又要不离文字，打打哑谜，以字句代文章，反而能够说得更清楚。因此，即可以不落一字尽得风流，也可以一字一句间尽得风流。这正是禅的不落任何一端！

我们同样不能忽略，维特根斯坦的透彻，他说哲学的本质应该在日常生活中解决，在"游戏"中理解游戏。这与浩荡的禅风，与和尚们的言语谑戏又是多么相似！

也因此我们能看到，赵州和尚面对同样一个问题，进行了三次答问，每次所答，皆有不同，真个是随机施教，漫天花雨。任意发矢，皆有中的。并不存在别的目的，并没有另外一个开悟的契机存在，落花流水、洒扫应对，何处不是一派天机。

这正是一任自然、天真烂漫的所在。如果苦苦思索、处处寻觅，实无一法可得。

禅宗实乃本土宗派，禅宗甚至可以没有教规，没有仪轨，没有束缚灵性的一切外设条件。心开者例是禅宗子弟、佛性门生。因此，禅是赤裸的、自由的、活泼泼的、惺惺然的。禅是不可言说的，也是大可言说的。当你说禅是不可言说的，便已为禅设置了一个束缚，而禅是不受任何束缚的。死守不立文字的教条，决非禅的本意。同样，死守南禅北禅之别，认为顿悟比渐修更高级的人，也同样会陷入法执自缚而不知的境地。

故凡所有相有念，皆是虚妄不实。一旦出现，便需打破。这才是禅。你需要不断的打破，一旦这句话成为信条，同样要打破它。这样，赵州和尚便时时坐在你的对面，与你喝茶，破除一切念执。

落了语言，就是拣择
和尚，那么诗人何为

但莫憎爱，洞然明白
小子，月亮哪里升起

神或魔的小孤儿，唉
和尚，深情正在吾辈

落了

传奇和赝品岂能当真
小子，如来不负苍生

水洒不着，风吹不入
世界的本质如何言说

宁愿叫皇上的江山乱
不可以诗歌的翅膀断

举云门以拄杖示众云："拄杖子化为龙，吞却乾坤了也，山河大地甚处得来？"

云门拄杖

云门翻云作雨，俱是戏法；拄杖化龙，亦是幻影。杖果能化龙？杖自是不能化龙。龙果能吞却乾坤，龙自是不能吞却乾坤。缘何如此说？盖因感官所见，皆非真实；若求真实，自问心源。心源若明，则能化杖为龙，吞却乾坤。一时间虚空粉碎、陆地平沉，幻影顿消。心意所致，任意扭曲。山河大地，皆从其愿。

吾等若不能将现实视作幻景，便永无出头之日。现实若幻，小我亦不真。小我不真，情便不感。情若不感，思维亦断。了断情思，即证入法喜之门。当下即证，更无别法。法喜生处，便见拄杖化龙、乾坤隐没。山河大地，不过心识。心识所现，生山河大地、乾坤朗朗。心识所灭，山河大地，普天一切，即归心源。

好一个云门拄杖，更无须做狮子吼。直如孙悟空手持大葫芦，念两句咒语，便唤得遮云蔽日、天空顿黑。此即以幻破幻，幻即不存，空亦不真。非空非幻，是名真空。若落云门把戏，视吞却乾坤为真，则又入魔道，依然万劫不复。故不要被云门把捉住，一时把捉，一时不得悟入。一时钻透，一时便得了脱。

云门若问，山河大地甚处得来？则有答，心源处是。再问，何处是心源？则答，积雪凝处，迷雾销处。而此并非彻境。心源不可说，可说者皆非心源。故此只能类比，只能以玄诗之学比附，此即"借色明声，附物显理"。豁者自豁，缚者自缚，皆不由他人。

原文垂示得好："诸佛众生本来无异，山河自己宁有等差。"我们来看原释之中言："胸中若有一物，山河大地，皁然现前；胸中若无一物，外则了无丝毫。"此即心源之喻。故此则有，"一会一切会，一明一切明"。再透此句，古人道："一尘才起，大地全收。"好一个"一尘才起，大地全收"，此乐普和尚所言。一尘不小，大地非大。破一尘之执相，则一尘不小，大地不大。大地如微尘，须弥纳芥子。心量广大，人轻言微。知微识著，大小等齐，可入梵门。时有一天子，遂标一茎草云："建梵刹竟。"

云门每向拄杖处，拈掇全机大用，活泼泼地为人。芭蕉示众云："衲僧巴鼻，尽在拄杖头上。"云门所拄之杖，亦不过是干屎橛。曾有如下纪录：

师问新到："什么处来？"僧云："郴州。"师云："夏在甚处？"僧云："荆南分金。"师云："分得多少？"僧展两手。师云："这个是瓦砾。"僧云："和尚莫别有么？"师云："干屎橛，一任咬。"

此正是云门之法，干屎橛，一任咬。拄杖化龙，不过戏戏。云门有言："好事不如无"。山河大地何处来？好事不如无。此外，还有什么事吗？

从来

从来没有改变，从来
一治一乱，无尽循环

历史世故得让人绝望
望气者满脸地老天荒

每缕清风皆打上编号
山河大地全都有主人

前汉后汉把揽了天下
临终时已不剩半毛钱

由此我热爱抽象事物
比如玄学和浩荡星辰

桃花水激越鱼过禹门
拄杖化为龙吞却乾坤

举风穴垂语云："若立一尘，家国兴盛。不立一尘，家国丧亡。"

风穴一尘

风穴此语，不妨补他个后半句："是立还是不立？快道，快道。"一尘即一切尘，一切尘埃，便是大千世界、家国天下。立一尘，则家国兴盛，熵减，秩序化。不立一尘，则家国丧亡，熵增，无序化。是立非立耶？这便是可以参的话头。

多数人会选择立一尘，我们的教育也是如此。修齐治平，本是读书人的理想境界。然而若立一尘，便惹一尘；立一切尘，便惹一切尘，处处惹尘埃，则最终与道远矣。此之为不净。

要是选择不立一尘呢，不立则离，离尘即隐逸、避居、遁世、逃名。这种陶渊明式的桃花源境界，也是读书人所梦想的方式，逸出这个世界。众人皆醉我独醒，世事皆浊我独清。此之为不垢。

不在净端，便落垢端。不入世，便出世。不经世致用，便隐逸田园。这种二分法，本来便是禅宗要打破的。因其都落边见，边见则执，执则生害。除了"家国－天下模式"之外，尚可以有"自然－田园"模式。而且，这二者不能截然区分、非此即彼。故此，净即是垢，入世便是出世，经世即是隐逸。得乎此者，方知风穴大意。

言净即是垢，须知净中有垢，垢中有净。无离净之垢，亦无离垢之净。净垢一体，染净一如。净土、垢土本无净垢，惟人思惟，乃有净垢。利己则净，不利则垢。心生欢喜则净，心生厌恶则垢。

如蛇蝎美人，外净内垢；乞讨老者，外垢内净。故净垢者，不起分别，方是无上智慧。

言入世便是出世，须知入世人需有出世心，而出世人亦不得不行入世事。世间哪般，行立坐卧、洒扫应对，与人来往，不是入世事？哪里有个出世的地方可逃？世间万般，若能以不动机心处之，则酬酢万变，亦只是个出世的朴者，全然于当下，自身洋洋洒洒、圆融无碍。

风穴即风穴延沼禅师（896－973）。俗姓刘，浙东处州松阳县人。于松阳县万寿护国禅寺出家。南院慧颙禅师之法嗣。此段师徒对话堪称经典：

（南院）曰："如何是夺人不夺境？"（风穴）曰："新出红炉金弹子，床破阇梨铁面门。"又问："如何是夺境不夺人？"曰："刍草乍分头脑裂，乱云初绽影犹存"又问："如何是人境俱夺？"曰："蹑足进前须急急，促鞭当辔莫迟迟。"又问："如何是人境俱不夺？"曰："常忆江南三月里，鹧鸪啼处百花香。"

南院是临济再传弟子，风穴从南院六年，大玄临济宗风。其时，风穴欲亲近南院，问："和尚此间一棒作么商量？"南院拈起拄杖，言："棒下无生忍，临机不见师。"风穴遂大彻玄旨，留南院座下执侍，请益六载，尽得临济玄要。后应四众邀请，驻锡风穴，一时法席冠天下，学者臻萃。

后人评说，风穴禅风颇似临济，虽较少用喝，然其话语威猛峻烈，让人无处藏身。其上堂法语云："夫参学眼目，临机直须大用现前，勿自拘于小节。设使言前荐得，犹是滞壳迷封。纵然句下精通，未免触途狂见。应是从前依他作解，明昧两歧，与你一时扫却，直教个个如师子儿，吒呀地哮吼一声，壁立千仞，谁敢正眼觑著？觑著即瞎却渠眼。"

然而本则公案，风穴似有老僧入定之态，随手拈来，皆成机用。不再发露精神，如叶落庭，随落随扫而已。真个是：何须一声喝，从来千般应。

天得

天得一以清，地得一以宁
人得一就瞎搞事情

传说五百年必有王者兴起
不见大言者早已死去

心灵与文字，哪一个先衰败
他游戏众生却不晓天意

想起那么多亡灵的哭声
我怎么可以要求慷慨和公正

世界那样了，我们还这样
满山杜鹃唤汝到何方

清风有情，吹进桃源最深处
现在对过去要负责任

举云门示众云："乾坤之内，宇宙之间，中有一宝，秘在形山。拈灯笼向佛殿里，将三门来灯笼上。"

云门一宝

乾坤之内，莫非神往；宇宙之间，亦是心地。用舍行藏，俱在一心。心之所成，即是一宝。此宝所在，即为形山。形山之指，实乃四大聚合、五蕴相织。舍形山则无心地，舍心地则无宇宙乾坤。故吾心即是宇宙、宇宙即是吾心。故万物皆备于我，唯求放心而已。故万物森森在吾下。悟此则吾心安处是吾家，不悟则流浪生死。

云门道："乾坤之内，宇宙之间，中有一宝，秘在形山。"此乃肇法师《宝藏论》数句，云门拈来示众。取其人人具足、个个圆成之意。人人皆有佛性，个个皆能成佛。拨钉去楔，除蔽开悟。

云门后两句所言，则自成机杼："拈灯笼向佛殿里，将三门来灯笼上。"打着灯笼，趋向佛殿；一时间，三门映照，尽在灯光中。向佛之心，即是心灯。心灯所摄，一时间山河大地，历历在目，洞见明白，何漏之有？若言拈灯，心灯即是。心灯既燃，则照遍三门，无复有虑。云门慈悲，以形山喻心，以灯笼喻心，皆在收拾此心，不令复坠。好生照看，不令熄灭。心神既定，心灯既炽，则复有何事？何来三门，何来佛殿？何苦打着灯笼细细觅？实在是三门与佛殿，不在别处，尽在心灯中而已。如此方去幻取真、心下洞然。古人道："诸佛在心头，迷人向外求。内怀无价宝，不识一生休。"此是云门苦心孤诣之旨。

此处，层层叠叠的古人心语、案头良药。皆是直指自心之法。古德有云："无明实性即佛性，幻化空身即法身。"又云："即凡心而见佛心。"又道:"佛性堂堂显现,住相有情难见。若悟众生无我,我面何殊佛面。"还言:"心是本来心,面是娘生面。劫石何移动,个中无改变。"只是需知,他人所言,皆是口头禅机,与自家无涉。自家要知,须得切身受用,化成春风入来。否则,依然是嚼舌之句,说食不饱。

这里再看云门一段故事。云门道:"汝若相当去,且觅个入路。微尘诸佛在尔脚下,三藏圣教,在尔舌头上,不如悟去好。和尚子莫妄想,天是天地是地,山是山水是水,僧是僧俗是俗。"良久云:"与我拈面前按山来看。"便有僧出问云:"学人见山是山水是水时如何?"门云:"三门为什么从这里过?"恐尔死却,遂以手划一划云:"识得时,是醍醐上味;若识不得,反为毒药也。"

此正是云门作法,不要何处寻,要化为受用,在你舌头上没有用的,挂在嘴边是学不了佛法的。不如去自证自悟为好。天地山水僧俗,皆由他去。你若不悟,这些东西都与你无涉。有人发问,云门遂言:可识得三门为何这里过?一时答不上来,云门又言:识得便是悟,不识便是毒。

此正是两处三门,一处在灯笼上,一处在问话上。三门即是修行之路,即是向上之路,即是次第之路。要想见佛,有此三门。三门即三关,你在哪一关?三门为什么从这里过?山水相迢,三门为何在这里显现?识得不?说得不?若识不得说不得,哪还有什么佛理可言,你的生命只是个木疙瘩。

一
道

一道谈谈面前这座山吧
谈谈虚空，看它从哪儿生长

这个夏天令人抓狂
随后的冬天定将无比煎熬

总是最坏的家伙主宰世界
扛着大真理滚滚向前

而我斤斤计较小真相
比如外套是否需要一粒玉米

谁在悬崖垂钓千年白雪
他有宝藏只等会心人到来

这座山始终是一座山
这片虚空指不定是一块生铁

举南泉一日东西两堂争猫儿，南泉见，遂提起云："道得即不斩。"众无对。泉斩猫儿为两段。

南泉斩猫

"南泉斩猫"是千古绝唱，道得即留，道不得即斩。其使人犯疑之处正在于杀生。如此杀生，可有佛性？

这天，南泉见东西两堂的和尚，在争夺一只猫儿，都说猫是自家的。于是南泉提起猫儿说，你们两边都说道说道，说的对就不杀它，说错了别怪我手下无情。众人皆愕然，措答不得。于是南泉将猫劈为两半。

南泉做事，向来机警过人，不落常态。两堂相争是口业，斩猫是杀业。为止他人口业，宁可自背杀业，此正是大丈夫所为。再说，唯有南泉能看出此猫时辰已到，为奉献一段公案，而必得献祭法坛，震醒法师，也未可知。若怀慈悲心，斩猫放猫，只是手段，不能以常人之心度之。猫儿死于他人之手，或成杀业，死于南泉之手，或是超度。

这段血案，历来为人不解。南泉之举，仍是为大众记得"不坠思维"之法要。道得即不斩，第一个提撕人的活口。惜乎无人道得，在思维中打转。斩立决，又正是第二个提撕人的活口，不知几人放弃思索，由此开悟。

此猫"非生即死"，可称为"南泉的猫"，是完全脱离思考模式的，电光火石的，不容置疑的，先关掉自家脑袋的，先验性的，本能与直觉齐飞的，剥离习气的举措。与之相对，则有"或生或死"的猫，可称为"薛定谔的猫"，是永远在猜疑之中的，其生与死处于临机状态的，不打开盒子不能确认的，处于混沌与模糊状态的，令人无法确知的、蒙昧不解的方式。

南泉之猫与薛定谔之猫，的确是两大渊薮。一个是禅宗名猫，一个是量子物理学的名猫。一个非生即死，一个或生或死。这两个事例，都值得参。

南泉斩猫之后，逢其弟子赵州归。南泉问赵州，当日你若在会如何答。赵州不言，将靴子顶在头上就出去了。南泉叹道，当日赵州若在，猫就不会死了。这便又成了一段公案。赵州不语，也即不答。虽为不答，实则答之，以头顶靴，施施然走出。以此解得"道得即留，道不得即斩"的彼此二元对立。所以赵州"道即不道，不道即道"。脱离思维窠臼，不落思维陷阱，超脱于现象纷争，不立言而意旨远。此便是开悟之相。也是南泉一片慈悲心，审夺东西两院和尚，孰能生命翻转。故此，猫之死，非南泉有心杀之，实乃替不悟者代罪。

两次发悟发惭之机，提刀时，落刀时。生命事小，开悟事大。若不开悟，行尸走肉，虽生亦死。若已开悟，意识不朽，虽死亦生。若执于猫，即是执念，此念当断。欲断此念，此猫当斩。故南泉名为斩猫，实乃斩念。手起刀落，执念成空。此死猫之用、活人之法。此间因果，流转不虚。猫以其态，引来相争，终殒其命，可见若不抱朴藏拙，杀身之祸，如影随形。猫本无罪，猫不知罪，奈何天定其罪。南泉手起刀落，更有何话。

雪窦有颂云："两堂俱是杜禅和，拨动烟尘不奈何。赖得南泉能举令，一刀两段任偏颇。"幸好南泉尚有赵州相嬉戏，世情才有如许生动。否则呆头和尚，东西两堂，首座若干，也只是貌恭容敛，全无生命的活泼泼。只是做得道场法事，而与智慧、玄法无缘。

南泉啊南泉，如此高智超迈，真是个孤独异客，法喜与谁分享？

总有

总有人来生，总有人去死
生死其实无需大词

他真理在手，刀枪不入
原来石头也需要救赎

众口滔滔拨动烟尘
让大地疲惫，让红旗痛

一旦沉溺进一个教条
狗嘴里就可以吐出象牙

我每天推开路上的怨声
只为赞叹山河之美

然后再改变语言的方向
一切如空，杀之何妨

举南泉复举前话，问赵州，州便脱草鞋，于头上戴出。南泉云："子若在，恰救得猫儿。"

064

赵州草鞋

若识头戴草鞋而出，便是标准答案。千百年来，错会而已。要知赵州之举，只是随机而应。当时不作他想，只是不落南泉圈套。因此施施然顶鞋而出。此自出天机之意，非作意弄态之举。若视此为标准答案，苦苦思索寻觅，则有违赵州最初本意。

若南泉再问一次，道不得即斩。赵州必定又会出新的幺蛾子，可能翻着跟头出去了，可能一笑低头不语，可能口中大喝一声，可能拧过南泉老鼻，可能装作听不见，凡此种种，皆有可能。其答案在心不在迹。若由迹寻，只会是死疙瘩。若由心寻，方知机外生机。

南泉与赵州这对师徒，书中多有载其行事，恰如一对活宝，双方玩得兴致盎然、全无他顾。或抱柱、或关门、或掷鞋、或递匙、或上楼、或回堂，等等，真个是全由一片天真，不动半点心机。此正是：应无所住、而生其心。

时人或常人，若想跳脱行事，怎奈俗世眼光相缚、礼教名教相束、家庭事业相累，自是心灵受到干涉，僵化或变形。如要心灵活泼泼的，必得思维去你的。一时间洞然明白，全无理障识障。至此方有寸步之功。禅宗是心灵的一场革命，此言不虚。解放心灵，敢吗？试吗？敢赵雷池一步吗？当需要放下心来时，洒然无碍时，你又在担心或恐怕什么呢？

大多数人只具备口头禅的能力。也就是嘴巴说说玩玩。过过嘴瘾。此等表皮肤浅，不是功夫。若下功夫，需往心里去。心下翻转，便成菩提。世间事又有何可挂碍？若无挂碍，即成神仙。只是有几人真能做到如许洒脱？若有挂碍，怎能离世；若无挂碍，怎须离世。真无挂碍者，恰在出世入世间而已。此等功夫，即勿忘勿助。但观逃世避世者，非真离挂碍者，恰是有一个对立面相支撑，挂碍反而一直牵挂于心。如同跷跷板，七上八下而已。

论公案者，亦须知，需从自家心里汩汩流出，方是真知真容。若以思维忖之，已成私意，必不得一语中的。若以他人教导忖之，亦是说食不饱，非自性自悟，不能满足。故此，公案之意，恰在启发自性，观其现象背后大略，由其迹而见其心。若执著于言辞、执著于现象、执著于行迹，则禅意几为所缚，不复为禅矣。

可笑南泉，斩猫之后，又来戏弄赵州，终被赵州识破。此猫安息，若知千百年之后，其英名长存，并成为举世皆惊之猫，启发了不少英雄好汉的性灵之路。故此，这条猫命也就没有白白牺牲了。后世仍将心祭于它。

雪窦照例有颂："公案圆来问赵州，长安城里任闲游。草鞋头戴无人会，归到家山即便休。"顺便说一句，第一个头戴草鞋的，是革命，是行为艺术，是全离所缚。之后学其行迹的，则只是垃圾。

如
何

如何才能让一只鸟活下去
我仔细打量周遭的汉语

风格就能呈现一种苦难
他头顶草鞋走进浮云

死者不会说出他的故事
任性的桃花收起高音

白发流亡，自怨自艾
我上苍山数点满地慈悲

当你返回来气喘吁吁
茄子飞在空中拉响二胡

一只鸟如火焰里藏身
汉语之美点燃秦时明月

举外道问佛："不问有言，不问无言。"世尊良久，外道赞叹云："世尊大慈悲，开我迷云，令我得入。"外道去后，阿难问佛。佛云："如世良马，见鞭影而行。"

外道良马

这则公案向古佛里寻，确是禅宗第一大章节。空宗、禅宗，示空无言，皆由此出。所谓心法，实无能对人说也。棒喝语启，不过提撕，终要靠自证自悟。旁人说食不饱，替代不了自性的光芒。

有外道问佛，我不敢问真理是有言还是无言的。世尊只是如常，仿佛没有听到。外道待了片刻，也许良久，赞言：世尊慈悲，拨我迷障，使我悟入。此时，世尊已将心法忖之于外道。世尊有心，外道有心，因此心心相印、法法相续，更有何事？

阿难是我佛座下"多闻第一"，佛灭后第一结集，三藏中的经藏，即由阿难诵出。禅宗视迦叶尊者为西方一世初祖，阿难则为二世初祖。这个公案，如果迦叶在，则不免又会默然一笑。因为迦叶开悟，正是佛祖拈花无语之时，迦叶其时洞然明白、粲然一笑，留下"拈花微笑"的古老公案。我佛遂言："我有涅槃妙心，微妙法门，不立文字，教外别传，嘱摩诃迦叶。"此正是禅宗以心传心的由来。

然而这段公案中，阿难亦在悟前，故有不解。纳闷之际，于是问佛。佛则赞叹外道说：世有良马，见鞭影而行。鞭影者，非空非实，此正是悟入之契。阿难由迦叶教导而悟入。悟入之后，遂能口诵我佛经典，于是称"多闻第一"。一部《愣严经》，可称为"佛与阿难对话录"。

佛教后人，常斥不修佛法而修他法者为"外道"。然而却不见此段公案中，我佛是如何称许"外道"的。故学者须知，心法之道，本无内外；若见内外，即起分别；教内教外之说，只是方便分类而已，并无排斥贬义。若无此基本精神，则会因分别而起执，起诤，起妒，种种烦恼自会越卷越深。

外道得授心法，所谓"师父领进门，修行靠各人。"佛祖赞叹其一骑绝尘，前途不可限量，得大光明自在去了。故此有良马之誉。天马行空，正是写照。

后人消得此则公案，最洞明者当属此例：百丈山主持道常和尚曾在法眼和尚处参学。法眼一日问："尔看什么因缘？"道常云："外道问佛话。"法眼云："尔试举看。"道常拟开口，法眼云："住住。尔拟向良久处会那？"道常于言下，忽然大悟。

一日，法眼问道常，你在参看哪一章节。道常答，外道问佛话。法眼说，那你试着说说看。道常正欲开口，却被法眼打断：打住，你向世尊"良久"处着眼就会悟的。道常于言下有省，豁然明白。

后来道常示众云："百丈有三诀，吃茶珍重歇。拟议更思量，知君犹未彻。"世尊良久，不落有言，不落无言。这正是"良久"处，需得好好参一参。圆悟克勤有云："既不转向有，亦不转向无，不落得失，不拘凡圣，二边一时坐断。"他讲得对，如今人多落在无，不然落在有，只管在有无处两头走。

若只管在有无处两头走，岂非没头苍蝇乱撞？此亦是个参处。多少英雄好汉，有无处两头走，亦无个入处。岂不可叹。

不问

不问有言，不问无言
头上三尺自现妙庄严

但出语句，尽属法尘
举手投足都会表错情

言路带响，句法藏锋
弹指三下就唤回清风

本自不生，今亦不灭
该发生的更不必拒绝

梦中说梦，梦至大唐
剑气出长安直冲牛斗

山河奔走，云肥诗瘦
万钧雷霆堆积在胸口

举岩头问僧："什么处来？"僧云："西京来。"
头云："黄巢过后，还收得剑么？"僧云："收得。"
岩头引颈近前云："囫。"僧云："师头落也。"岩
头呵呵大笑。僧后到雪峰，峰问："什么处来？"僧
云："岩头来。"峰云："有何言句？"僧举前话，雪
峰打三十棒赶出。

岩头收剑

唐末民变，黄巢起义（878–884年），转战江山半壁。881年，激战六日，黄巢军入西京长安，唐僖宗一行逃奔成都。于长安城中，杀富济贫，然而先治后乱，民愤尤甚，助唐军反攻。黄巢逃窜经年，于泰山为部将所杀。其间各节度使以军功做大。唐国势转衰，二十三年后，唐哀帝让位于节度使朱温，建国号为梁。进入五代十国时期。

民间有传，黄巢杀人无数，其剑令人胆寒。岩头知僧从西京长安来，便问：黄巢之后，还有什么宝剑可收？僧答：我收得有。岩头便引颈上前，但求一刌。僧说：师头落地。岩头遂呵呵大笑。

二人如此这番言语动作，几有深意？一人无剑说有，一人引头而拭，一人言师头落地，一人哈哈大笑。

只是，岩头未将僧笑醒，僧仍在梦中。此梦何如？为话头所牵引，跌落去也。师头落地乎？分明是僧头不在自家颈上，故此为他人言语所拘，只得一句缚上，便句句缚上，最终只能说师头落地。死人活人，不在方家手段棒喝，便在识者言语锤钳。故此当僧向雪峰转述时，雪峰便使得三十大棒，将僧打出。只是不知，此僧犹未醒耶。

此僧接话，"收得"，此时便已入言语泥沼。若此僧言"未得"

呢，仍落言语泥沼。这相当于问：你最近学佛可有心得？若答有，落入边见；若答无，仍落入边见。宝剑能断，一切障缘，你收得否？若言收得，则我心未除；若言未得，则佛心未至。是收得，是收不得？故禅宗兴味，不落空不落有，不执生不执死，不言得不言失。万般自在，处处流行。剑来杀人，任杀任剐，犹斩春风；棒去伤人，吃紧吃痛，只向会者。

再看这段记录：看他龙牙行脚时，致个问端，问德山："学人仗莫邪剑，拟取师头时如何？"德山引颈近前云："囫。"龙牙云："师头落也。"山便归方丈，牙后举似洞山，洞山云："德山当时道什么？"牙云："他无语。"洞山云："他无语则且置，借我德山落的头来看。"牙于言下大悟，遂焚香遥望德山礼拜忏悔。有僧传到德山处，德山云："洞山老汉，不识好恶，这汉死来多少时也，救得有什么用处？"

两处公案参至一处，方明了岩头大笑之意。岩头所笑，正是德山所云："这汉死来多少时也，救得有什么用处？"迷者未到悟时，救有什么用处，"不笑不足以为道"。故圆悟克勤说："岩头大笑，他笑中有毒。若有人辨得，天下横行，这僧当时若辨得出，千古之下，免得检责。"他甚至认为，这笑中有权有实，有照有用，有杀有活。

而打三十棒的雪峰，更是不与他说破，且教他自悟去，如此亦是活人手段。此真是个笑也由人、棒也由人，区区大丈夫，落得个"未悟偏向已悟寻，便为悟者笑棒擒"。

又如何才能"笑骂由人，洒脱地做人"？除了开悟，别无二门。否则，仍是道理虽懂，当下做不到。此正是做人之难、开悟之难。常常翻翻公案，处处提撕印证，长长久久，心下翻转，则瓜熟蒂落矣。故知新生虽在一时，准备却是良久。言禅是一瞬，只是狂禅。没有哪个大禅师的开悟，不是经历千辛万苦。悟虽在顿时，修却是渐功。

时时刻刻，准备听那一声哇声。

肉 身

肉身沉重，无暇去彻悟
逃或不逃都是一样

我来的地方你们都缺席
无人去问存在是什么

满地骷髅说着前世今生
谁没有自己的桃花源

他弹冠振衣把死蛇玩活
三日栖息同一棵桑树

逆来顺受何如逆来递受
拼得身剐拉皇帝下马

民间起兵重现昔日光景
黄巢过后寸草不留

　举梁武帝请傅大士讲《金刚经》，大士便于座上，挥案一下，便下座。武帝愕然。志公问："陛下还会么？"帝云："不会。"志公云："大士讲经竟。"

067

大士讲经

梁武帝好佛喜玄，然而中人不可语上，始终未悟入至境。这次又是。梁武帝请一位傅大士讲《金刚经》，大士有心说无字之法，于座上挥案，随之下座。梁武帝愕然不解。旁边的志公解释说，这就是说法，经已经讲完了。

何期自性？一切经文，本从自性中出。故理解亦需从自性中读取。自性是本体，无形无相，隐空隐虚，不可把捉，只得提撕。傅大士以无字真经、无言讲经之法提撕。此亦是"观空是空，空无所空"之道。茫然者自是茫然，理会者自是理会了得。

性灵一事，俱由己出，旁人启发则可、传授不得。故此以心印心，不过是以心启心之举。诗向会者吟而已。傅大士所演，唯志公能会。幸好志公能会，避却一场事端。

傅大士何人也？云黄山一位高僧之徒。傅大士受师之命，送信于帝。递不至，遂隐于金陵城中卖鱼。其时，武帝请志公讲《金刚经》，志公借机说："贫道不能讲，市中有傅大士者，能讲此经。"

不料傅大士上堂讲经，不说有，但演无。此正是无相之法。《金刚经》云："无我相、无人相、无众生相、无寿者相。"又言："凡所有相，皆是虚妄。若见诸相非相，即见如来。"

《金刚经》讲空性，奈何傅大士示现空性，梁武帝不解。

志公亦是个高手。原书有载："时志公大士，以显异惑众，系于狱中。志公乃分身，游化城邑。帝一日知之，感悟极推重之。志公数行遮护，隐显逮不可测。"志公有异能，众惑，投入狱中。

但志公关不住，仍分身在外，游戏众生。梁武帝得知，下令释放，重礼待之。而志公行踪不定，隐显不测。上次出现，是梁武帝见达摩。志公在一旁帮腔。这次若然。总之，这些神话志异，当信仰观之可，当史实观之不可。曾有胡适与铃木大拙笔战，胡适以史不实究信仰不真，大拙以信心真则信仰真驳之：信仰真则有效验，有效验则无关乎史实。

此正是一个大过节，何为"求真"？真理之真与历史之真孰是孰非？小说之真、神话之真，与历史的求真可否双线并行？书或有杜撰伪作，智慧之源可容不诚之物？

在宗教信仰之中，圣境被高推，历史阐述被美化，以此制造出一个偶像、完美人格的化身。这是人间的造神运动。造神以参之、拜之，希冀自己的小我人格能通过修行跋涉，达到伟大人物的地步。这种激励作用，让自己成为想成为的样子。或者说，有一个先验性的完美人设本身就存在，后进者只要去掉习气，以"去蔽"之功，就可以自我完善，达到不朽之境。

儒家每每祖述尧、舜、禹，其中要说有多少史料，几无可信也。但自孔孟以来，屡屡高推，视之为偶像、范式，则成就了一大票"为己""受用"的伟人：屈原、陶潜、韩愈、范仲淹、苏东坡、王阳明、曾国藩等等。这种对于"理想人格"的层层加码、雕画、扩容、高悬，并附着在一个偶像崇拜的古人之身，正是文化发展的一部分事实。相信他做到了，相信自己也可以做到，这种激励，前仆后继。

梦
想

梦想穿得过一粒尘埃
面对苍山，谁敢谈永恒

声音总是能抵达耳朵
伟大与渺小都有份庄重

总在徒劳的找寻价值
万物服从美，走向绝对

流水带走了多年的不平
飞鸟依人，不问出处

奔腾的念头捧在手上
记住了记忆忘却了遗忘

一声长啸后兴亡已易位
皮肤脱落尽唯有真实

　举仰山问三圣："汝名什么？"圣云："惠寂。"仰山云："惠寂是我。"圣云："我名惠然。"仰山呵呵大笑。

仰山大笑

仰山极喜三圣，欲以法钵忖之，三圣方说自己是临济弟子。仰山初见三圣时，便问：你叫什么。三圣答：惠寂。而这惠寂原本是仰山的名字。仰山再问，三圣方说：我名惠然。仰山大乐。

初次见面，三圣便透露机锋。汝名什么？我叫惠寂。惠寂是我。我名惠然。如此一气呵成，滴溜溜转。于是深得仰山赏识。

惠寂与惠然可有分别？实无分别。惠寂即是惠然，惠然即是惠寂。名相虽异，而道体皆同。故此二人心心相印，一性二身而已。

人各不同，分殊万象；人又相同，性俱理一。西方整合心理学家威尔伯将之称为"全自体"，一个人的身上即涵盖了自体，也涵盖了全体。个人就是"全自体"。全体在自体中的映现。现象千差万别，但背后的本质和规律却是一脉相承。

三圣拜别临济后，四处游方。与雪峰和仰山契。在雪峰处亦留下精彩话头。他问雪峰："透网金鳞，未审以何为食？"雪峰说："待汝出网来，即向汝道。"三圣不饶："一千五百人善知识，话头也不识？"雪峰沉稳："老僧住持事繁。"三圣机锋险峻，雪峰则以"老僧住持事繁"平淡化解。可见二人过招，招招惊险，处处有落花流水之貌。

透网金鳞，即指悟后之人。以何为食，即指悟后之人都做些什么。雪峰老到，言待你悟后告诉你。三圣不依，说你一个给一千五百人说法的大和尚，不知道悟后做些什么吗，你是已悟还是未悟呢。雪峰朴实相答：我只是住持事多，哪里会想这么多。

三圣后至仰山，仰山喜其俊利，专门给他收拾了一间明窗僧舍。一次，有公务员来访，仰山问："官居何位？"对方答："推官。"仰山竖起拂子云："还推得这个么？"公务员接不上话，众人七说八说，也不契。着人拿话头问三圣，三圣答："和尚有事也。"再问："未审有什么事？"三圣答："再犯不容。"仰山深为肯定。

推官即判案法官，这一日法官来访，仰山举起拂子问：你判得了这个吗？此话大有深意，入世法碰到了出世法，这两个法一样吗，入世法判得了出世法吗？三圣则推论说：和尚必有事焉，和尚正在想出世法入世法这个事情哩。这个事情有答案吗，有。二法乃一法。没有入世法和出世法的区别。都是要做到一点：再犯不容。此也是孔子肯定颜回的品德"不二过"。同样的错误不犯第二次，不容再犯，再犯不容。若能如此完善自身，即是不二之法，即是向上一路。

如此说来，即成偈子：惠寂是我，我是惠然；双惠同一，世无出入；是法非法，再犯不容。

你在感通寺里
找寻着担当和欢喜

我说，你就是担当
你在找寻自己

那么，我又是谁
你说我叫赵野

赵野不就是担当吗
你一笑满地春意

世界需要一种德行
可以建造，可以写诗

所以担当是我的象
赵野是你的形

你
在

举南泉、归宗、麻谷同去礼拜忠国师。至中路，南泉于地上画一圆相，云："道得即去。"归宗于圆相中坐，麻谷便作女人拜。泉云："恁么则不去也。"归宗云："是什么心行？"

南泉圆相

三位大师顽皮，路上玩耍。南泉画一圆圈，指着说：能说中就去。归宗和尚一屁股坐于圆心。麻谷和尚像个女人一样侧身鞠躬，朝着圆心。南泉说：你们已经悟了，不去也可以。归宗不干了，说你这是什么搞法？

南泉、归宗、麻谷皆是马祖道一旗下弟子。三人常结伴而行，谈玄论道。三人又洒脱成性，言行率真，不拘俗意。这一日，三人前往长安参访慧忠老国师。国师是亲炙过六祖慧能的人，因此当时的僧人，没有不想前往参拜的。他们三人有可能是从江西马祖的道场，前往长安。

这可比是一场滑稽戏，好似周星驰的电影，多少有些无厘头。无厘头之爽，正在于动作之中，毫无逻辑与章法可循，言辞已跟不上。南泉忽然横生意趣，于地上画一圈子，要印证两位同行的"道行"。归宗想也不想，跟个唐僧似的，坐在孙悟空画的保护圈中。麻谷同样不过脑子，当下即断，扮个女人鞠了一躬。这正是二人悟后之相。只要不加思索，不假思维，悟后无复多虑，多虑必定未悟。不管南泉设置一个何等的圈子或圈套，二人都能从容化解应对。

同样是跌地而坐，悟者做来，如行云流水，自得天机。未悟者则如机械僵人，比画模仿而已。麻谷当然更绝，示现女子相而礼拜，这也是石破天惊之举，完全不在乎俗人怎么看：和尚如此不正经。然而麻谷之示现，则又可见男子女子之平等性状，不受礼教之缚。

当然，妙就妙在二人并非刻意起行、创意造作，而是毫无芥蒂、率真而为，此则是让南泉叹服之处：你们都悟了，长安可以不去了。于是招来归宗一顿骂：你这安的什么心，做的什么事。

人们愿意亲近高僧大德，不在于他们拥有多少知识、拥有多少弟子，而是在于他们常常在平常生活之中，如同行云流水般依止，洒脱自在，无碍无心。这种感触，想必能破烦闷、止忧郁、安浮躁。因此，如果你碰到一个在生活中能这般超越功利思想的人，那可真是一大造化。足可与之玩耍。

然而亦须知，调伏烦恼者，并不是不让烦恼生起，而是一任自然，烦恼恼怒，如乌云暴雨，来去自由。只是观其来去，勿忘勿助而已。若是不让烦恼生起，则陷入枯禅硬伤，所谓"制怒"，只是儒家修养，非禅宗要领。儒家制怒，有长期练习，如远离发怒处、转换念头、发怒前时间延迟等等。而禅宗面对愤怒，只是说你观察这种情绪就好了，像一面镜子一样照着它。如此一来，照即是用。照时即在用中。看这种情绪来去自如，久久自有心得。

人人皆有心镜，情绪、思维若起，则人间大戏上演。好生照用即是。

刀锋下词语一片哗然　　　　我唯一的自由是放弃
汝跑心猿，谁来射杀　　　　一卦挺立，六爻潜行

我到底活在什么国度　　　　永远憎恨，永远接受
大言炎炎，小言詹詹　　　　在最绝望处抽身离去

受控的声音幽微难辨　　　　年过半百与万物为善
风中飘着积怨的粟米　　　　大火燃过头顶的雪山

刀锋

举沩山、五峰、云岩同侍立百丈。百丈问沩山："并却咽喉唇吻，作么生道？"沩山云："却请和尚道。"丈云："我不辞向汝道，恐已后丧我儿孙。"

沩山请道

沩山、五峰、云岩同为百丈怀海弟子。一日，三人侍立百丈，百丈便分别问话三人，考其机锋，断其识见。同样的问话，这里先问的是沩山：把咽喉关闭不许发声，把嘴唇关闭不许发言，你还能说话么？沩山立马说：那么请师父说。把话头甩给百丈。百丈似乎是哼了一声，说：不是我不向你说，恐怕说了就没有传人了。

这一段对话，考量的是"绝处如何"？话头已逼到极致，无路可走。话头变成断头路："并却咽喉唇吻，作么生道？"把喉咙嘴巴一起闭住，怎么说话？怎么说法？弟子这时也滴溜溜转得快，把"皮球"踢回给师父：那得看师父怎么说话，怎么说法。师父也只能"虚与委蛇"：不是我不说，说了就没有接班人了。

此处，"作么生道"，即怎样能道。这是百丈设置的一个思维陷阱，好在沩山没有钻进。明明喉舌已闭，如何能说话？如果落入百丈话窠，则万劫不复，一时俱焚。然而沩山好本事，原样奉还。如何能说话，那得看师父的本事。因此沩山并未落入伎俩。此一绝处，变成无用的马其诺防线。百丈自是高手，当然不能正面迎敌，也就是不能自问自答。否则，亦落绝处断崖。故此他言：不是我不能说，说了对你们不好。

"心语"能言，决非口舌之利、咽喉之气。咽舌为能言之器官，非能言之性体。器官可关闭可朽坏，而性体长存。性体长存，则能言之性长存。故此能言之性，不在器官、不在外物，而在形而上之中。因此，百丈所问，是一个形而上的问题。此能言之性，遍及大千世界，无处不在说法，随地花语满天。苏东坡有言："溪声尽是广长舌，山色无非清净声。夜来八万四千偈，他日如何举似人。"

百丈自是会家。知能见能闻能嗅能言能触能思之性，不在眼耳鼻舌身意，而在自性之中。此一自性，即是长存。此一自性，即是六祖慧能所言："何期自性，本自清净；何期自性，本不生灭；何期自性，本自具足；何期自性，本无动摇；何期自性，能生万法。"

喉舌关闭，尚有心语能忖。心语即密法。只是当下这一关头，此一密法，尚无法忖之。沩山虽答得爽利，然而并不是究竟，他尚有更多深密之意要参。也就是说，他之回答，虽未落陷阱，但也未显高明。也只是个初禅境地。有师父在，总会是有一面大大的靠山。难立于独立之境。待到自己开山说法，那又将是另一番滋味和境地了。

沩山即沩山灵佑和尚（771-853），福州长溪人。十五岁出家。后至杭州、天台参访。又于江西马祖墓依止百丈怀海，修习南禅。一日沩山拨火炉，观其已灭。师来再拨，火星又复生。沩山于是有悟。百丈再开示说："经云：欲见佛性，当观时节因缘。时节既至，如迷忽悟，如忘忽忆。方省己物，不从他得。"又示："故祖师云：悟了同未悟，无心亦无法。只是无虚妄，凡圣等心。本来心法，元自备足。汝今既尔，善自护持。"

有了

有了语言，才有世界
因为命名而成其所是

万年一念，一念万年
好诗必定在第一义里

我在苍山上拣择词语
它们全都是我的俊友

满山石头发出呼啸声
过了长安，逼近龙门

我只关心人类的处境
不惜殖民最远的行星

一念迷了，诗滞万物
一念如悟则万物皆诗

举百丈复问五峰："并却咽喉唇吻，作么生道？"峰云："和尚也须并却。"丈云："无人处斫额望汝。"

五峰并却

同样的话头，百丈又拿来问弟子五峰。百丈问：喉唇关闭，怎么言说？五峰答：那您也得把喉唇关闭了。百丈则说：你以后带弟子，没人敢上前，只会在无人处以手挡额，远远张望。

五峰也是个伶俐汉。师父一问，他即顶嘴：要说并却，师父也逃不了，那师父你并却时，又该如何说法？百丈只有幽默地说：要是你当了师父，恐怕没几个弟子敢上前，只敢于无人处远远张望。当然这句话还有一层意思：若问我如何说法，我只是无人处搭额望你。

公案难解，留白太多。往往是几句没由头的话，如几段枯枝，摆在那里。悟者，得见枯枝发芽，此即活句。未悟者，但见枯枝败落，此即死句。如：喉唇关闭怎么说话。这即是一个将死之句。一个绝境。一个无法完成的任务。你必须把这个句子救起，如同救一记绝杀之球。使得它在山穷水尽之际，能够柳暗花明。而这种功夫，全由自心所悟，若非自心所悟，则陷入思维陷阱、动弹不得。

如是，有人想，顾左右而言他不就行了吗？顾左右而言他，只是逞口舌之利，或中心无主、言语漫漶。即如孟子所言"邪说淫辞"之流。悟者话语，由自家心地汩汩流出，盖天盖地；未悟者没话找话，只是凑泊而已。

因此，同样一句话，未悟者说出，气焰不张；已悟者道出，理直气壮。故见话头话尾，要识未曾言说出来的一部分，要识"是谁在说"。小我在说？大我在说？凡人在说，天机在说？自私用智在说？妙明真心在说？凡言说者一语中的、意味无穷，则即禅理玄风，与道无差。知此当是万物的诉说。故知凡所真言，皆是上帝自言自语，皆是万物自说自话。此即等闲无差之论。

好一句"和尚也须并却"。百丈放了一箭，五峰反手也是一箭。百丈躲得也快，于无人处，斫额望汝。话里话外，密不透风。全无半点泄滞。

五峰即五峰常观禅师。初游百丈，后居五峰。五峰在江西宜春境内。有游方僧人来问：如何是五峰境？五峰答：险。又问：如何是境中人？五峰答：塞。塞者，意在"入此门来，莫存知解"。塞住知解，自证自悟。这也是百丈之意，堵住喉唇，能否道得？

又一次，一僧人欲去五台山觅佛。五峰竖一指，言："却来这里与汝相见。"五峰的"却来这里与汝相见"大可与百丈之语"无人处斫额望汝"并论共参。一个是无人处，一个是却来这里；一个是斫额望汝，一个是与汝相见。真是悟后风范，临风卓立，自家心地，印证无穷。

只不知，五峰作此会语时，是否忆念起其师百丈。一个在无人处搭额相望的智者。

时间

时间不停流走，还好
我们可游戏天人之际

每一个字都跃跃欲试
找到感受事物的方式

汉语一身无辜的创伤
而我要把它守护到底

还那些名词本来面目
像解放了的饥渴的鹤

四时运行，天何言哉
青春一去就拽不回来

诗要摧毁人世的秩序
千里万里，高打高举

举百丈又问云岩："并却咽喉唇吻，作么生道？"

岩云："和尚有也未？"丈云："丧我儿孙。"

原
典

云岩有未

百丈教法，一句参至无穷句。就此一句，反复参问。以此逼尽心下收紧处，使得弟子自心是问，自心是答。若能发明自心，则何愁大事不了？若未能发明自心，则仍须痛下彻念，刮肌剖腹，寻我明珠。

这下，百丈果然又来："并却咽喉唇吻，作么生道？"这真是个厉害的角色，屡屡设置鬼门关。并却咽喉唇吻，作么生道。并却咽喉唇吻，只能无语。作么生道，怎样说法，如何说话？百丈之提示，正在于启人：法不可说；实无一法可说；但来说法，皆是非法；法要从自心汩汩流出，方是真谛。以心印心，即是说法，与咽喉唇吻，了无关系。

云岩跟随百丈日久，惜其时未悟。他也随人问：和尚你说法时并却咽喉，有也未也？和尚你说法的时候是怎样的，并却咽唇，还是不并却咽唇呢？若是他自家这样问，倒也说得过去。把球踢还百丈。然而他这一问，不过是模仿前面两位师兄之言：却请和尚道、和尚也须并却。

百丈简明点要，如此回答则"丧我儿孙"。将来没有接班人了，没有人来学法了。这么答仍是未悟人之语。尚须好好参学，以求当下立证。

书中有载，云岩契悟，尚在多年以后。话说云岩在百丈，二十年作侍者，未悟。后同道吾至药山，药山问云岩："子在百丈会下，为个什么事？"云岩云："透脱生死。"药山云："还透脱也未？"云岩云："渠无生死。"云岩此语，仍是大路话，未见有修证之功力。故药山云："二十年在百丈，习气也未除。"云岩前辞去，又见南泉，后来复归药山，方契悟。

其时，云岩跟随百丈二十年。百丈不予认证，着其去找药山惟俨指导。药山屡问百丈如何教人，问完，云岩接不上话。直至一次，再问，云岩大意是说："有时候同学们在教室里站好了等着师父来上课，不料师父来后，提起拄杖就把同学们打得四散而逃，大家正在慌乱之际，师父猛地招呼大家，等到大家回过头来，师父随即问道'是什么？'"

药山一听，肃然起敬："今天从你的嘴里我才得以了解怀海师兄的大机大用啊。"云岩当下有省，大悟禅宗旨意。

云岩后住云岩寺说法，一僧来辩，昔年跟随百丈二十年，缘何未继法脉？云岩答道："头上宝华冠。"其意指，欲成王者，自是王者。不在他人衣钵传承。

云岩亲炙百丈、药山二位大师多年，又与南泉、沩山过从。终于自性光华、无人能敌。后传弟子洞山良价，再传者曹山本寂，以曹洞宗名世。

云岩实乃身系慧能所传二脉：一脉是南岳怀让－马祖道一－百丈怀海；一脉是青原行思－石头希迁－药山惟俨。试问，这种接法，江湖上能有几人？为了多学些东西，云岩已悟作未悟，并不急于开山立说，也是有可能的。

挑
着

挑着一担词子子独行
前不挨村，后不接店

我感到肩上越来越重
它们正在被亡灵唤醒

记忆有一种弦外之声
着急的元音窃窃私语

我汲汲涉过古代流水
找回汉语奇妙的语感

事物如果已含义明确
何必还要来招惹诗歌

我安置好所有的韵脚
向天空弹出一道响指

举僧问马大师："离四句，绝百非。请师直指某甲西来意。"马师云："我今日劳倦，不能为汝说，问取智藏去。"僧问智藏，藏云："何不问和尚？"僧云："和尚教来问。"藏云："我今日头痛，不能为汝说，问取海兄去。"僧问海兄，海云："我到这里却不会。"僧举似马大师，马师云："藏头白，海头黑。"

073

马祖白黑

今日人称大师，多是讥语。昔年称马祖为大师，则是敬语。六祖慧能预言"马驹踏杀天下"者，正是马祖道一。六祖谓怀让和尚曰："向后佛法，从汝边去，已后出一马驹，踏杀天下人。"慧能传南岳怀让，怀让传马祖道一。读马祖语录，方知其大师之谓不虚也。

《大乘玄论》卷一云：真谛理乃"离四句，绝百非"。

四句者：肯定、否定、复合肯定、复合否定。此是禅、此非禅、此是禅亦此非禅、此非禅亦此非非禅。四句破尽一切名相、破空破执、破是破非、破有破无。《中论》卷一有"无生四句"："不自生、不他生、不共生、不无因生"。《俱舍论》卷二十五有"厌离四句"："厌而非离、离而非厌、亦厌亦离、非厌非离"。《成唯识论》卷一所举外道有"一异四句"："一、异、亦一亦异、非一非异"。《法华文句》卷三上之"权实四句"有："权、实、亦权亦实、非权非实"。

百非，则指百种之否定，如《北本大般涅槃经》卷二十一所说，如来之涅槃乃非有、非无、非有为、非无为、非有漏、非无漏，乃至非过去、非未来、非现在等种种之否定。百非即是对有无等一切概念，一一加上"非"字，以表示否定意。

离四句，即见空性；绝百非，则生其心。离四句绝百非，则"无所住而生其心"。此真是个透彻的道理。既然离四句、绝百非，则非关言语、非关思维、非关造作，何来祖师西来意？此僧发问，已经暗含悖论：马祖大师，离四句绝百非，什么是那位祖师西来意？某甲意指那个人、那位爷。

来论是非者，即是是非人。这个僧向马祖大师搭话、套话、碰瓷。马祖深知，此得发明自心、自证自语，岂能落入言诠？若答问，则未离四句百非；若不答，则有失为师之道。那就举个中指吧？这一招用得又太多了。算了，还是让这孩子去问智藏吧：我今天累了，不想说话，你去问我徒弟智藏。

僧问智藏，智藏也不上当，又将僧支到百丈怀海那里。怀海恨不得两手一摊：到我这里，我也不会呀。

僧转了个圈，一无所获。只得再找马祖。马祖心想：二人施教，各有其法，已经说得黑白分明了。于是道：藏头白，海头黑。智藏头白一些，怀海头黑一些，这是明明白白的道理，你可体会？

马祖曾有："待汝一口吸尽西江水，即向汝道。"与此公案一般会得。若知藏头白海头黑，便妙懂西江水之语。古人一句截断意根，更有何事？

雪窦有颂云："藏头白海头黑，明眼衲僧会不得。马驹踏杀天下人，临济未是白拈贼。离四句绝百非，天上人间唯我知。"

"临济未是白拈贼"一语，意指马祖心法，比临济还要高明。马祖传怀海，怀海传黄檗，黄檗传临济。马祖乃临济的祖爷爷。

临济一日示众云："赤肉团上有一无位真人，常向汝等诸人面门出入，未证据者看看。"时有僧出问："如何是无位真人？"临济下禅床捎住云："道道。"僧无话，临济拖开云："无位真人，是什么干屎橛。"雪峰后闻，云："临济大似白拈贼。"

此个典故，正是临济高明，雪峰赞之。白拈贼，妙手空空之谓也，无形之手，盗得无形之物。而雪窦此颂，正是在雪峰基础上，再次发明。临济尚不是白拈手，马祖才是空心人。

禅之空性，具足圆通，无形而又上。落入言语则道断，落入念欲则本体不存。祖师西来本无意，奈何庸人自扰之。

纵然

纵然千古万古漆黑一片
在大地上，我已劳作四十年

我磨砖成镜，只为说出静默
让诗走在正确的路上

心灵如诚恳，肉体自会飞升
过时的灵魂都值得信任

明月清风供养十方诸佛
日出日落，万物有边界活着

我向龙溪洒进一滴墨水
诗意无处不在，白鹭四面飞来

抬起头，我等着被天空
被一个古老大陆把自己确认

举金牛和尚每至斋时，自将饭桶，于僧堂前作舞，呵呵大笑云："菩萨子吃饭来。"雪窦云："虽然如此，金牛不是好心。"僧问长庆："古人道'菩萨子吃饭来'，意旨如何？"庆云："大似因斋庆赞。"

金牛饭桶

下得转语，方是禅人。金牛和尚一句"菩萨子吃饭来。"饶是千百人参不透。雪窦一语转之："金牛不是好心。"长庆一语又转之："大似因斋庆赞。"各各地强，事后好汉。

金牛和尚是马祖门下高弟，有个细节，书中有载："每至斋时，自将饭桶，于僧堂前作舞。"然后呵呵大笑云："菩萨子吃饭来。"菩萨子，泛指僧众。关键是，如此寻呼，不是一次。金牛和尚一呼便是二十年。参考《五灯会元》资料，说他每自做饭，供养众僧。

这个金牛和尚，莫非是金牛座？如此渡人，抽丝剥茧、唤动心芽。真是善唤之人。或人谓之疯癫，或人谓之作戏。然而一唤二十年，疯癫作戏亦成真。金牛的历史地位乃成。

不知过了多少年，有僧问长庆和尚：古人一句"菩萨子吃饭来"，有什么奥秘？长庆淡然说："大似因斋庆赞。"这就像斋庆节典时的赞颂宣经啊。金牛念的什么经，他自己的经。这个经不长，只有一句："菩萨子，吃饭来。"充满欢喜、满心真诚的念出。一念二十年。

雪窦后来作颂时，叹曰："虽然如此，金牛不是好心。"不是好心，另有别心。此一别心，正在于隐隐透露一个机会、一个消息。逢人碰着磕着，便忽有所省。也就是说，金牛在寻找那个要熟透的人。此正是金牛的啄唤之机：来呀来呀，和尚们来吃饭啦。敲鱼击板之外，提唱竖拂之余，尚有金牛的叫唤、吆喝、寻呼、招徕、奉迎、颜施和言施。这个金牛不简单：欲寻佛果，人间卧底。

金牛自在法喜之中，自在施渡之中。好一个典故"金牛饭桶"。我们再看看《五灯会元》中记载的相关转语。

僧问大光："未审庆赞个甚么？"大光作舞。僧礼拜。大光云："这野狐精。"这里来了个追问，不知道长庆和尚所说因斋庆赞，庆赞个什么？大光和尚不以言语施教，而是手舞足蹈。僧似懂非懂，拜了拜。大光见其未懂，喝斥说：你这个野狐精。大光即唐代禅僧大光居诲，青原下五世。

后又有僧评曰："古人自出手作饭，舞了唤人来吃，意作么生？还会么？只如长庆与大光，是明古人意，别为他分析。今问上座，每日持钵掌盂时，迎来送去时，为当与古人一般，别有道理？若道别，且作么生得别来？若一般，恰到他舞，又被唤作野狐精。有会处么？若未会，行脚眼在甚么处？"

这一段话，条分缕析，设问如同教科书般，设问即设陷：走投无路处如何？古人做饭弄舞唤人，是何旨意？长庆和大光，两位高僧，自是明古人意。试问今天的和尚，与古人是一般还是两样？若是一般，怎么你舞弄起来，会被唤作野狐精；若是不一般，你究竟想玩什么花样？

哈哈，难就难在这儿。卡顿住了。卡在那里进不得、退不得。且说如何脱透？

我
的

我的言辞和龙溪的流水
都源自一种忧患，诸夏实难

我和我脚下这片土地
有无尽宿命，像古老的谶语

我继承的手艺，它们
常常发疯，飞起来将我反噬

当下世界如此不确定
我追慕先贤，日日凝望苍山

一个时代奔着无耻去了
鸟固执的叫，向风展示本意

我在赞颂和修辞中得到救赎
心戚戚焉成了一个诗人

举僧从定州和尚会里，来到乌臼，乌臼问："定州法道何似这里？"僧云："不别。"白云："若不别，更转彼中去。"便打。僧云："棒头有眼，不得草草打人。"白云："今日打著一个也。"又打三下。僧便出去。白云："屈棒元来有人吃在。"僧转身云："争奈杓柄在和尚手里。"白云："汝若要，山僧回与汝。"僧近前夺白手中棒，打白三下。白云："屈棒屈棒。"僧云："有人吃在。"白云："草草打著个汉。"僧便礼拜。白云："和尚却恁么去也？"僧大笑而出。白云："消得恁么，消得恁么。"

075

乌臼屈棒

这一段公案，机锋碾转，回合鲜明。真个是上阵杀敌，不容闪失。有拖刀计、空城计若干。二人斗法，互换棒棰，各易宾主。一场交心，万般皆悦。观者是触目惊心，闻者是绕梁三日。且看这二人手段。

第一回合：此僧从定州和尚处，转投乌臼和尚处。乌臼问：定州和尚那里说法办道，跟这里一样吗？此僧答曰：没有什么不同。乌臼说：若没有不同，那你不如还是回去吧。说完便打。

第二回合：此僧忙还了一嘴，大意是棍棒得有个规矩准头，不能随便草草打人。乌臼则说：打的就是你，今天算是打到了。又挥棒三下。此僧吃不住棒，向外退却。

第三回合：见僧败退，乌臼收势。嘴上不停："冤屈之棒，原来有人愿意讨打啊。"僧则说："奈何这棒子在你手里。"乌臼说："你要这棒子，我便给你。"僧欺身上前，夺得此棒。

第四回合：僧以棒击乌臼，同样是连打三下。乌臼亦说：这是屈打啊，打错人了。此僧也言：虽是屈棒，有人愿意讨打。乌臼说：这也是草草地随便打人啊。僧立定身形，回向礼拜。

这一段文字，完全是对称结构。乌臼打僧，僧打乌臼，动作对称。僧用乌臼的话反击，乌臼用僧的话反击，言语对称。二人你来我往，动作言语翻转，形同录像先正放然后倒带，仔细考究，竟然是镜像对称。不免让人想起电影《布达佩斯大饭店》的对称美学。

这种对称美学，其一：二人斗法，不分高下；其二：二人斗法，互相赞许；其三：二人斗法，以形换形，以心印心；其四：二人斗法，业债互消，各不相欠。其中精髓之处，在于乌臼和尚交出权棒，敢于身受，以此示现众生平等，宾主互易，普天同庆。乌臼让出杓柄，剧情便发生翻转。僧一开始吃棒时，或尚有不服；至此反击三下，业债勾销，心下大定，于是礼拜而退。

棒者，权也。敢将权力交出，实乃一大关节。多少人迷恋于此，定于一尊，从此不下神坛。即便风雨飘摇，也欲屹立不倒。最终活成一个笑话。而禅宗绝学，正在于将偶像击个粉碎。谁上神坛，一一拉下。自己上了神坛，则要自我粉碎。禅者对于权力，有遇魔斩魔、遇佛杀佛之说，其中深意，正在于我是自己的神。个人心性起，则外界偶像灭。即心即佛，此心是佛，一切外在境界皆是自我内心的投射。要说正理，此是正理。唯物与唯心，原非两截。否认心识，则唯物；否认外物，则唯心。而心源生万物，万物皆有识，此是唯物与唯心打成一片，心物之一元论。得心物一元论者，四海一心，没有人是一座孤岛，不要问丧钟为谁而鸣，山水皆心地，意识得不朽。

且看收尾，尚有第五回合：僧礼拜，也是拜别。乌臼不舍，问：和尚就这么走了？僧心下畅快，大笑而出。乌臼念念有词，以此相送：走得好，笑得妙；就这么去了，就这么去了。

圆悟克勤评判此公案时说："看他两个转辘辘地，俱是作家。"并且下了一段案语："看他作家相见，始终宾主分明，断而能续，其实也只是互换之机。他到这里，亦不道有个互换处。自是他古人，绝情尘意想，彼此作家，亦不道有得有失，虽是一期间语言，两个活泼泼地，都有血脉针线，若能于此见得，亦乃向十二时中，历历分明。其僧便出是双放，已下是双收，谓之互换也。"

亦有雪窦和尚颂此公案云："呼即易，遣即难，互换机锋子细看。劫石固来犹可坏，沧溟深处立须干。乌臼老乌臼老，几何般，与他杓柄太无端。"

"与他杓柄太无端"，圆悟言："这个拄杖子，三世诸佛也用，历代祖师也用，宗师家也用，与人抽钉拔楔，解粘去缚，争得轻易分付与人？"然而我们看到，乌臼却是心地光明，放棒于人似无端，了却自家乃好汉。

圆悟讲解碧岩录时，至此也感触迭出："看他两个机锋互换，丝来线去，打成一片，始终宾主分明，有时主却作主。此二人机锋，千古万古，更无有穷尽。"

好一场精彩的打斗。僧欲走，拖刀计是也，回马枪是也。乌臼交权放棒，空城计是也，离间计是也。二人俱是高明作家，彼此勘印，终至心心相印。无论武人、禅夫，在某一个共同的境界上，都是彼此心悦诚服的。若与他人到此境地、同赴仙台，人生得有多么完美？

诗
不

诗不会成为真理，但一定
有真理性，像河流流淌

诗人逆流而上，打开秘境
等着你进去然后完成

我放飞鹞子，光发出声音
一粒尘埃也自负使命

这些工作其实一无所获
除了得到一个鲜活的灵魂

沧溟最深处原有一方沃土
生长雪花、豹子和樱桃

他骑鱼缓缓上了青天
半只烧饼唱出高山流水

举丹霞问僧："甚处来？"僧云："山下来。"霞云："吃饭了也未？"僧云："吃饭了。"霞云："将饭来与汝吃底人还具眼么？"僧无语。长庆问保福："将饭与人吃，报恩有份，为什么不具眼？"福云："施者受者，二俱瞎汉。"长庆云："尽其机来，还成瞎否？"福云："道我瞎得么？"

丹霞吃饭

这一段公案，略分两节。一段是现场，由丹霞和僧出演。一段是过后，长庆与保福评论。因此需各各看过。

先看现场，有僧远来，丹霞发问：何处来？僧说：从山下来。丹霞又问：吃饭了么？僧答：吃饭了。这两发问，平淡无奇，所答也无奇。发问可平淡，答则需具手眼、需得奇崛，方能勘验。这前两问两答，未勘出功夫来。丹霞遂使出第三问：把饭给你吃的人，眼睛瞎不瞎？意指给你饭吃的人，怎么什么都没教给你。僧一时语塞，接不上话来。

好了，这一段现场，看过即过，不作深思。若作深思，即是瞎汉。饶是丹霞拔钉去楔，善于查勘，奈何僧只是个青涩汉，未曾熟得。这一段三问三设，三答皆不中。

再来看后者，长庆与保福二人，将古人公案，举出翻检。长庆问保福：把饭给人吃，这是恩德，为什么还说眼瞎？保福也是洞情晓然，便道：施饭之人与受饭之人，都是瞎子啊。长庆不放过，追问说：如果尽其机锋，竞相传授，各自施展，那他们还瞎么？保福一语还击：你当我瞎啊。

长庆和保福，俱是高明作家。二人设二问、有二答。长庆拈出"具眼未"参之，保福则以"二俱瞎汉"还之。说这公案中二人只是盲人作意，无心施受。此瞎有正解有反解。向上一路，瞎者代表"无住生心";向下一路,瞎者代表"茫然无着"。将此正反合计,瞎者代表"各领福寿"。是瞎者名瞎者非瞎者,一句中含有三句。

长庆再设一问,尽机可瞎?此设问乃毒。不料保福跳出陷阱,说:你以为我还瞎?说是说否,皆入泥淖。故此保福反齿相讥,跳脱不拘。

再说一段丹霞故事。丹霞和尚即丹霞天然禅师。初习儒,欲选官。旁人拨弄:选官何如选佛。遂翻转,前往江西马祖道一处参访。马祖将之荐于南岳石头。于石头下随众作务三年。一日彻悟,石头有所感应,言"来日铲佛殿前草。"意指我要将你剃度了得。大众备锹锄而来,唯有丹霞以盆盛净水,于师前跪膝。石头为其剃发说戒,丹霞竟"掩耳而出"。丹霞再谒马祖,于僧堂中骑佛颈而坐。马祖视之,曰:"我子天然。"丹霞遂得此法号。此历史上有名之"选官不如选佛"故事。

雪窦后来亦有颂:"尽机不成瞎,按牛头吃草。四七二三诸祖师,宝器持来成过咎。过咎深,无处寻,天上人间同陆沉。"

"尽机不成瞎"一似"按牛头吃草",须是等他自吃始得,按他头教吃,这是不可能的。吃饭之事,得自己理会可得。"四七二三诸祖师",意指西天二十八祖,此土六祖,一时埋没,按牛头吃草这事,他们也办不来。永嘉禅师有言："不是标形虚事持，如来宝杖亲踪迹。"虽宝器持来，如不自证自悟，都成过咎。宝器是外物，自证是心源。仅此而已。直探心源,有何余事?故无处寻迹，与尔说则不得，但去静坐息虑，向他句中点检查看,便有心得。若有心得，天上人间同陆沉，一片天机，茫然洞然，瞎即不瞎。

此段所解，没有标准答案，万却勿被他人见解所误。他人见解，只是启发，并非路标。需自行其路，自作其受，方能勘验自身，获力无穷。

昨夜

昨夜，他梦见了白光满室
世上多一个悟空的人

我刚吞进一粒绿色的药丸
说能让眼睛更加明亮

结局到来前谁识得谁
春风陌上，与历史做知己

我们拥有并拿得出手的
唯灵性，这大陆奇异的呼吸

一只蜻蜓望着一只蝴蝶
像帝国和我彼此敌视

悲伤的耳朵不再分辨
泰山沉落时是否还押古韵

举僧问云门："如何是超佛越祖之谈？"门云："糊饼。"

云门糊饼

此之谓"云门糊饼"，大大地好吃。好吃到什么程度？心糊者愈糊，心明者愈明。糊者由糊见糊，明者由饼见饼。如何是超佛越祖？有这个想法者已糊。因此谓之糊饼。真不能超佛越祖？自是可也，有这个想法已明：有物混成，先天地生。因此仍谓之糊饼。古人说："向上转去，可以穿天下人鼻孔，似鹘捉鸠；向下转去，自己鼻孔在别人手里，如龟藏壳。"向上向下，本由心生。此心不明，则向下一途。此心若明，呵祖骂佛，超祖越佛，岂非易事？

且来看云门复作何言。他示众云："尔勿可作了，见人道着祖师意，便问超佛越祖之谈道理，尔且唤什么作佛？唤什么作祖？即说超佛越祖之谈，便问个出三界，尔把三界来看，有什么见闻觉知隔碍着尔？有什么声色佛法与汝可了？了个什么碗？以哪个为差殊之见？他古圣勿奈尔何，横身为物，道个举体全真物物觌体，不可得，我向汝道直下有什么事，早是埋没了也。"

云门此语，语重心长。意指初学者，不知佛、不知祖、不知了。不知三界，便言出三界。不知六根所触，便言六根清净。不知反躬自省，早迷外物耳闻。心源自开，当下自省，此是活泼泼的正道。"从来没有什么救世主"，汝不自救，无人能救。任他千佛万佛、古佛今佛、超圣能仙，也救你不得。你的心就是你的发动机，就是你的驱动力，让你的发动机强大起来。此是三界根本、一切学之基础。所谓"直截根源佛所印，摘叶寻枝我不能。"昔年陆象山斥朱熹学问"支离"，正是洞见朱熹病理，向外去寻，终不可得。

因此作诗说："易简功夫终久大，支离事业竟浮沉。"而朱熹亦斥陆象山为禅宗之学。陆象山之"心学"与朱熹之"理学"，高下之判，便在此处。

雪窦有颂云："超谈禅客问偏多，缝罅披离见也么？糊饼祝来犹不住，至今天下有淆讹。"超佛越祖，禅客之谈，大言不惭，所谈炽盛，遂成病机。还是云门所言简易："尔诸人横担拄杖，道我参禅学道，便觅个超佛越祖道理，我且问尔，十二时中，行住坐卧，屙屎放尿，至于茅坑里虫子市肆买卖羊肉案头，还有超佛越祖的道理么？道得底出来，若无，莫妨我东行西行。"云门说完，便下座。此正是针对故弄玄虚之病，开出一剂药方。大言炎炎者，行为癫魔者，易入狂禅滥道，易自大自夸自傲自瞒，此最是病痛入髓、神志奔逸。云门斥来，如冰霜雪棱，使人有觉。

然而不识好恶者，闻云门此语，作圆相，似乎高玄，实则土上如泥，添枷带锁。倒是雪窦之颂发人深省："缝罅披离见也么？"致问处，有小大缝罅。云门正是见问者有隙处披离，所以将糊饼拦缝塞定：你想多了，想远了，就此打住，方是当下。这僧犹自不肯住，却更问。是故雪窦道："糊饼祝土犹不住，至今天下有淆讹。"

此一公案，你落哪头？落在糊饼上，这真是个睹物思物、物物难解；落在超佛越祖之处上，这又是个上不去下不来。快说快说，咋办咋办？圆悟克勤回答道："三十年后，待山僧换骨出来，却向尔道。"

面对

面对绝对，还能往上溯吗
我在一个雨天沉思可疑的山水

记忆循着季风的路往返
灵魂困在肉体里，彼此难相认

他孤注一掷，跌出三界外
我怀念刚刚飞过去的那只燕子

噩梦如果此世不能做完
我一个诗人，该如何冒犯来世

暧昧的帝国要一种含混的风格
而我在苍山上发愤抒情

世界旦夕之间，永生的焦虑症
像一把发着高烧的椅子

举古有十六开士，于浴僧时随例入浴，忽悟水因。成佛子住。

开士入浴

十六开士，指显教经论中普遍列举之十六位求正道之居士菩萨。又作十六大士、十六正士、十六贤士、十六善丈夫、十六丈夫众、十六菩萨。即贤护、宝积、星德、帝天、水天、善力、大意、殊胜意、增意、善发意、不虚见、不休息、不少意、导师、日藏、持地等菩萨。十六开士之名，诸经所出略异。

此乃一上古传说，不可征信，但又不容置疑。疑者自疑，信者自信。疑者得疑法，疑后起信。信者得信法，信后生疑。故信疑原非二端，只是一体。有信而迷者，有疑而悟者；亦有信而悟者，疑而迷者。执信执疑，皆是边见。破信破疑，即是中道。

且说楞严会上，跋陀婆罗菩萨，与十六开士，各修梵行。此是辨法论经之会，乃各说所证圆通法门之因，此亦二十五圆通之一数也。圆而通于法性之实者，谓之圆通。众生之机缘万差，欲得圆通，须依种种之法，佛于楞严会上，对菩萨声闻，问本何法而得圆通。菩萨声闻，各举自得之法答之，有二十五种，即六尘六根六识七大也。

二十五圆通，罗列如下：

一音声，陈那之圆通，即声尘也。

二色因，优波尼沙陀比丘之圆通，即色尘也。

三香因，香严童子之圆通，即香尘也。

四味因，药王药上二法子等之圆通，即味尘也。

五触因，跋陀婆罗之圆通，即触尘也。

六法因，摩诃迦叶等之圆通，即法尘也。

七见元，阿那律陀之圆通，即眼根也。

八息空，周利槃特迦之圆通，即鼻根也。

九味知，憍梵钵提之圆通，即舌根也。

十身觉，毕陵伽婆蹉之圆通，即身根也。

十一法空，须菩提之圆通，即意根也。

十二心见，舍利弗之圆通，即眼识也。

十三心闻，普贤菩萨之圆通，即耳识也。

十四鼻息，孙陀罗难陀之圆通，即鼻识也。

十五法音，富楼那之圆通，即舌识也。

十六身戒，优波离之圆通，即身识也。

十七心达，目干连之圆通，即意识也。

十八火性，乌刍瑟摩之圆通，即火大也。

十九地性，持地菩萨之圆通，即地大也。

二十水性，月光童子之圆通，即水大也。

二十一风性，琉璃光法王子之圆通，即风大也。

二十二空性，虚空藏菩萨之圆通，即空大也。

二十三识性，弥勒菩萨之圆通，即识大也。

二十四净念，大势至菩萨等之圆通，是见大，即根大也。

二十五耳根，是观音之圆通，即六根中之第二，即耳根也。（见《楞严经》五六）

说经毕，十六开士有省。浴僧时节到，他们随例入浴，忽悟水因，云："既不洗尘，亦不洗体，且道洗个什么？"此是千古缝隙，一朝光亮。拨云见日而来。如悟风因，则是风动幡动心动之谓。此悟水因，变成洗尘洗体洗心之疑。若说洗尘，尘不用洗；若说洗体，仅其表湿。洗尘洗体，皆非原意。所洗之因，不过观念。故此既不洗尘，亦不洗体，只在洗心。若说洗心，心在何处？故心亦不可洗。一无所洗，所洗者何？于此缝隙，即得悟入。

圆悟克勤故说："若会得去，中间安然，得无所有，千个万个，更近傍不得。所谓以无所得是真般若，若有所得，是相似般若。"

再说论心者，有达摩谓二祖云："将心来与汝安。"二祖云："觅心了不可得。"事物空空如也、大卸八块，有复归无。假借之事，俱有真因。因缘和合，遂成其假。认假做真，遂成现实。知其真假，故名游戏。游戏三昧，即是人间滋味。

十六开士，触着水因，一起悟入。此多少有些集体主义的荒诞。信不信？疑不疑？真、假、虚、实，在虚构与非虚构的焊接处、捍卫处、原则处、观念处，可有千古缝隙露出些子消息？可有一丝光亮夺目而来？此一线生机，快快抓住。

总之那十六开士也是："妙触宣明，成佛子住。"克勤释此：宣则是显也，妙触是明也，既悟妙触，成佛子住，即住佛地也。

今人也洗也浴，虽触不明，虽明不悟。不过被尘境惑障所牵，认虚作实，认假作真。维度所限，不得超生。明明有升维之法，却苦苦执着于维稳之乐。苦苦执乐，是乐是苦，是悲是喜？阿弥陀佛，菩萨亦苦笑。

今人洗涤，若能不着相不生障，不粘皮着骨，一时洗得通透，便能惺惺一点，透机而去。如同十六开士，心开即士。心开则无执相，一时假真相济、乾坤互移，便得真章。便是"妙触宣明，成佛子住"。便住痛痛快快地，便居欢欢喜喜境，便无扰动悲离，便知法喜不虚。

要是当下找不到位置
还能去哪个时代哪个国度

一对雉鸟追逐着飞向苍山
我看到了它们的幸福

世界像个鬼魂，可以入诗
仿佛微尘转动大法轮

我只计较修辞不计较善恶
在韵脚里听见了风声

站到传统这边，起个大早
阳光下修剪完一棵树

活着是一件多么荒凉的事
所有生长都无法完成

要是

举僧问投子："一切声是佛声是否？"投子云："是。"僧云："和尚莫豚沸碗鸣声。"投子便打。又问："粗言及细语，皆归第一义，是否？"投子云："是。"僧云："唤和尚作一头驴得么？"投子便打。

投子佛声

这一场戏也好瞧，不瞧白不瞧。人物两个，僧和投子和尚。情节两段：僧两次逗引，两次招打。事理两清：但寻形而上之理，莫行形而下之事。

一时，有僧前来问投子：一切声音都是佛声的变现，是不是？投子称是。僧设陷成功，便说：那和尚看来，拉屎屙尿的声音也是佛音咯？投子于是作打。

豚沸碗鸣声，这句话从古至今都有很多解释，且莫衷一是。豚沸碗鸣声，在禅宗典籍中多数时候写作碗鸣声、沸碗鸣、热碗鸣声等。碗鸣声不是碗碰撞发出的声音，而是指禅师开示之言教。碗鸣声在禅宗典籍中，是个贬义词。义即禅师之言教乃是废话、梦话、闲言语，是囿于言辞或经文的老婆禅话。和尚莫豚沸碗鸣声，意即师父不要再说这些不中用的闲言语了。

想必是僧嬉皮笑脸，又凑上前来。接着发问：粗暴之语与温柔之语，都是我佛第一义中来，不是吗？投子称是。这僧又顽皮了：那把你唤作驴可以？投子又打。

多少禅宗玩笑，事理两隔，混淆视听。佛学是形而上之学，禅宗是形而上之宗。形而上者，研究"存在之存在"，故需自证自悟，他人或可提点，不可代劳。形而下者，即成名物事器，秩序规则，莫不俨然。

《涅槃经》曰："一切众生皆有佛性。"《大日经》曰："一切音声皆是陀罗尼。"

一切声是佛声变现，佛声乃声中元音，佛声即声之祖，第一谛。万声所颂，无非天籁。噪音乐音，皆归空音。此是形而上之理。万万不可以形而下之事而概之：既然皆是佛音所变现，则叫床声亦是佛声，放屁声亦是佛声，这便成歪理邪说，其心不善。然而亦不乏天机高迈者，从叫床声中悟得佛性，从放屁声中契入心开，从而理会形而上之微妙，此则是大化流行、吾道不孤。故此需知：形而上者，在心不在迹；形而下者，在迹不在心。

此僧又说，粗言细语皆归第一义，变着法骂投子和尚，此果不招打？但个中情景，后人无法得知。此一冒犯，或是二人相熟相嘻之故。虽为俚语俗唱，但若能分清体用之辨、天人之机、形而上下，则此心可明。《涅槃经》曰："诸佛常软语，为众故说粗。粗言及软语，皆归第一义。"

昔年阿奎那将基督教义与亚里士多德哲学予以居中调和，遂有神学与哲学之中兴。禅宗与哲学概同此理：它们是一不是二。若问形而上，此即形而上。拂去迷信之见，抛却仪范之缚，所余真知灼见、奇语妙行，皆是"射矢中的"的学问。

圆悟克勤称赞投子说："投子朴实头，得逸群之辩，凡有致问，开口便见胆，不费余力，便坐断他舌头，可谓运筹帷幄之中，决胜千里之外。"只是这则公案中，只见投子曰是、便打。未见其辩词。但投子家风，朴实之范，亦可见一斑，一语不合，打即便打。也是棍棒底下出孝子。悟者，所言皆中；未悟者，所述皆离。未悟者，且吃一棒。已悟者，且棒一吃。未悟者，先画靶后射矢；已悟者，先发矢后安靶。故已悟者如何都对，未悟者难能对对。

这里再放一个公案，亦是某僧与投子问答。僧问："如何是佛？"投子云："佛。"又问："如何是道？"投子云："道。"又问："如何是禅？"投子云："禅。"投子果然是个朴实的脑袋。然而再问，契机为之一变，气象为之一新。

又问："月未圆时如何？"投子云："吞却三个四个。""圆后如何？""吐却七个八个。"这个气象魄力之大，非巨手难为。月若未圆，已经是三口四口被天狗吃了。月若已圆，不过是天狗又吐了七八块出来。此是投子接人之机。你早饭吃了吗。吃了。吃的啥。小笼包。小笼包可有佛性？有的，不饿时吞却三个四个；饿时吞却七个八个。哈哈，投子的话，滴溜溜饶是能运用。

投子和尚即投子大同禅师。著名禅师丹霞天然嫡孙，翠微无学嫡子。安徽安庆市怀宁县人，生于公元 819 年，俗家姓刘。弘法于安庆投子山。与赵州从谂、雪峰义存有诸多公案传世。

一切

一切声是佛声，所以
一切动和静自有其深意

他古今游走总难以释怀
头顶无角可跳龙门么

我看透世象，却看不清
茫茫宇宙之中我是谁

雨水和夜带来了哀愁
让我泪奔，想见到古人

月未圆时万事还存可能
月圆后成毁已然定数

弄潮儿终将死在潮水里
清晨诗句绕路上孤峰

举僧问赵州："初生孩子，还具六识也无？"赵州云："急水上打球子。"僧复问投子："急水上打球子，意旨如何？"子云："念念不停流。"

赵州水球

　　一场风波，两句研判。初生婴孩，平地起风波；入道圣徒，鱼龙知性命。初生婴孩，虽具六识，但六根不稳、六尘未触。故六能之性虽具，六能之用未起。此正是天地消息处，气机萌发处。

　　赵州喻之：急水上打球子。此即一场风波，颠沛流离，流浪生死。球子不动，急水乃动。急水既动，球子翻动。打者如何能及？婴孩所具，念念相续，在在生长，旦夕变化，六识同尘，如同急水之球，每言其止，其又迁流。此正是"物迁"之貌。物迁还是物不迁？要看现象论本体。从现象学而言，无物不迁，变动不居，变易不止，变化不停；而从本体论而言，则无物迁流，道体不动，本体不变。故僧肇有《物不迁论》，即是在本体论的层面上，讲述物不迁之理。其言："夫人之所谓动者，以昔物不至今，故曰动而非静；我之所谓静者，亦以昔物不至今，故曰静而非动。动而非静，以其不来；静而非动，以其不去。"过去的事物今者不存，此之谓动，谓变化。但亦可以说，此之谓静，谓不变。故理解僧肇，须知"动静一如"之理。

物不迁即物迁，物迁即物不迁。急水上打球子，动者恒动，静者恒静。此动静一如，有何六识分别？

僧问完赵州，复问投子。想必是在赵州、投子二人相聚之阶段。投子见僧来问，再予一判：念念不停流。此正是"念念成形、形皆有识"之意。念念相续，即显现山河大地、人间物色。在此相续之中，人子成人，饱览人间风物，亦饱受人间折磨。对境心起，是风物是折磨？修心则心能转境、境不夺心。时时是风物，无时有折磨。此六识、六根、六尘之修心大用。客尘所触，凡作意计，即成思惟，遂生烦恼，遂有喜悦。前念烦恼，后念喜悦，遂有无穷恩怨，心由物转。此可不是急水上打球子，无从下棒。

故念念不停流者，随流随止，随动随息，方是正道。只省其念，不盲动瞎作，则急水上打得球子，亦非难事。若省其念至无念，念起不住，无住生心，则岂有急水球子，岂有可打之物。视得急水球子亦是静态，所打之心亦是静止。则一场风波，全然平息。

古人道："三界唯心，万法唯识。"若证佛地，以八识转为四智。六识即眼耳鼻舌身意。第七识末那识，能去执持世间一切影事。令人烦恼，不得自由自在，皆是第七识。到第八识，亦谓之阿赖那识，亦谓之含藏识，含藏一切善恶种子。

凡夫有八识，至如来转为四智。一大圆镜智，转第八识者。如有漏之第八识变依正二报而持有情之身。此智变如来之身土而持一切之功德，犹如大圆镜中现一切之色像，故名大圆镜智。二平等性智，是转第七识者。反于第七识之我见而达无我平等之理，于一切众生起无缘大悲之智也。三妙观察智，转第六识者。妙观察诸法之相，而施说法断疑之用之智也。四成所作智，转眼等五识者。为利一切凡夫二乘类成种种变化事之智也。（见《唯识论十》、《百法问答钞八》）

教中亦有云："第八不动地菩萨，以无功用智，于一微尘中，转大法轮。于一切时中，行住坐卧，不拘得失，任运流入萨婆若海。"此是"随缘任运"之举，亦是陶渊明"纵浪大化中，不喜亦不惧"之思。若能行住坐卧，不拘得失，则自能任运流入，法轮常转。故"急水中打球子"也好，"念念不停流"也罢，都只是个任它去而已。观照这个任它去，即得法力，即生信心，即有功德。

又有石室善道和尚，曾示众云："汝不见小儿出胎时，何曾道我会看教，当恁么时，亦不知有佛性义，无佛性义，及至长大，便学种种知解出来，便到我能我解，不知是客尘烦恼，十六观行中，婴儿行为最。学道之人离分别取舍心，故赞叹婴儿，可况喻取之。若谓婴儿是道，今时人错会。"

又《楞严经》云："湛入合湛，入识边际。"又

《楞伽经云》："相生执碍，想生妄想，流注生则逐妄流转。若到无功用地，犹在流注相中，须是出得第三流注生相，方始快活自在。"所以沩山问仰山云："寂子如何？"仰山云："和尚问他见解，问他行解？若问他行解，某甲不知。若是见解，如一瓶水注一饼水。"此见解即见地，见地明则心地明，心地明则契入本体。行解即行地，行地即现象世界，现象世界无从虚构，得遵从逻辑法则。

再如《楞严经》云："如急流水，望为恬静。"古人云："譬如驶流水，水流无定止。各各不相知，诸法亦如是。"譬如在急水中驾船行驶，水流没有停止，坐在船上的人却有一种错觉，误认为水是静止的。由意识所衍生的诸法也是如此。故知动静一如，物迁不迁而已。

大词空洞、蛊惑而危险

我们已生生忍受两千年

总有新的圣人需要膜拜

直到最后一根弦被弹断

满山冬樱唱起了千家诗

汝明白凡有心即会有限

对植物一定要保持谦卑

终有一天我将托身清风

报废岁月果如忽略不计

专气致柔，或能婴儿乎

好在眼睛还看得穿天空

雨怎么落下我都会接受

大词

原典 举僧问药山："平田浅草，麈鹿成群，如何射得麈中麈？"山云："看箭。"僧放身便倒。山云："侍者拖出这死汉。"僧便走。山云："弄泥团汉有什么限？"

药山射鹿

　　未悟者过招，只是使些经验把式。这在已悟者看来，不过是可笑的模仿，尤不值一提。能在座下走过三招者，方称识得自家面孔。故此，未悟者见已悟者，如同低维生物见高维生物，高下立判；如同稚子见乳母，当下即悦。

　　这个僧也是活该，显三显四，弄头作意，殊不知自作死而已。药山寺之所在，好一派风光，浅草依依，麇鹿止止。麈（音煮）即麇鹿。药山和尚主持期间，好不自在。这一日来了个修行僧。此僧发问，弦外有音：平田浅草，麇鹿成群，如何才能射得鹿中之王？其言外之意便是：如何识得妙明真心？如何了得佛法大意？如何晓得身外之身？药山和尚兀自不动，只是接招，既云射得，那便放箭。此是二人第一个回合过招。药山大意是指，无须多虑，当下直取。间不容发，机不容失。此是向上一路，勇猛无遮。

　　于是进行第二回合。僧放身便倒。既然药山言看箭，僧放倒自己，的确是未经思虑，放身便倒。这一招也格斗得好，旁人亦看不出破绽。药山射中，僧以倒下相示。不过此时僧已被逼至绝境。正是翻转顿悟之机，药山再喝一声：侍者把这个死了的汉拖走。此是第二回合。

若僧能抓住翻转之机，死汉当作活汉医，活汉死汉未别离。则能进入第三回合了。不料僧一听要把他拖走，结果却慌了神，自己害怕起来，顿悟之机顿失。于是他爬起来自己走掉了。你看，若不悟，真的斗不过三回合。智者气场，早已笼罩愚人。药山见僧要走，追骂点醒：你这个在地上打滚的人，有什么能耐？

此番弄剧，僧上前问射，药山言看箭，僧作势倒下，药山言拖出死汉，僧遂败走。这一个节目，至此剧终。公案之下，岂有活口？若不能悟，岂非死汉？若已有悟，死又何妨？药山一句看箭，毒劲穿心，俗人皆死。

雪窦禅师后来见这段公案，拈云："三步虽活，五步须死。"复云："看箭。"此是会家言。只是此僧未曾活过三步，一句看箭一句拖出，无复能活。观剧至此，众人能不大汗淋漓？若你是此僧，能为活口？

麈中麈也是个知识点，但却仅是知识点而已。略提一句。此是鹿中之王，最是难射，常于崖石上利其角，如锋芒颖利，以身护惜群鹿，虎亦不能近旁。以之喻佛法大意、金刚能断。

"看箭"之典，尚有三平初参石巩，石巩才见来便作弯弓势云："看箭。"三平拢开胸云："此是杀人箭活人箭？"石巩弹弓弦三下，三平便礼拜。石巩云："三十年，一张弓两只箭，今日只射得半个圣人。"便拗折弓箭。三平后举似大颠。颠云："既是活人箭，为什么向弓弦上辨？"三平无语。颠云："三十年后，要人举此话，也难得。"法灯有颂云："古有石巩师，架弓矢而坐。如是三十年，知音无一个。三平中的来，父子相投和。仔细反思量，元伊是射垛。"

此段公案，三平以"此是杀人箭活人箭"契入石巩之心。石巩引为知己，他确有两只箭之谓。不悟则死箭，悟则活箭。他认三平为半个智者。三平后来对大颠讲述此事，大颠反问：弓弦上弹三下，已是多余；活人之箭，不在弦上。三平一时无语。大颠又一转语：虽然弦上计较是多余，但三十年来能有此计量者，也很难得啊。

药山即药山惟俨禅师（751～834），唐代僧。属青原行思之法系。山西绛州人，俗姓韩。十七岁出家。后参谒石头希迁，密领玄旨。次参谒马祖道一，言下契悟，奉侍三年。后复还石头，为其法嗣。一夜，登山经行，忽云开见月，大笑一声，遍于澧阳东九十余里，居民均闻其声。朗州刺史李翱诗云："有时直上孤峰顶，月下披云笑一声。"只是须知：此笑乃心开之笑，至于居民均闻其声，无足复思。

大颠和尚亦是石头法嗣，与药山同门师兄弟。

三平即三平义忠禅师，初参石巩，后参大颠。

石巩即石巩慧藏禅师。初为猎人，善射。后遇马祖，息射之念，反射自心。故常张弓作引以接众。

这正是：禅门响箭利众生，落到死处死亦生；无的放矢入超地，矢出即中无不中。

我做

我做小事，劈柴担水
想着宇宙人生的大问题

远方的痛苦，他人的痛苦
飞鸟忍不住停下脚步

麋鹿游弋高蹈的悬崖
它们三步虽活，五步必死

我要把一条路走到黑
像一种缄默让黄河奔流

我是看到了地狱，却无力
减弱那些熊熊的火焰

这世界已然万劫不复
祖师的头上挂满了刀子

原典

举僧问大龙："色身败坏，如何是坚固法身？"
龙云："山花开似锦，涧水湛如蓝。"

大龙法身

唐宋期间，禅风盛炽，诗也炽盛。故交相辉映，遂成禅诗一脉。禅僧不愿多语，便以诗代答。说诗说偈，透露千般消息，却又说似一语即不中。此正是禅诗之妙。想来在公案中，多少禅诗消息、多少古典白话方言，尽录其中。每窥则有所得，如同看"山花开似锦"，每每把玩、意蕴无穷，义理玄奥，终至明心，则又有"涧水湛如蓝"之慨。

此则公案，僧问僧答，一语而毕。实则大有深意。有僧问：色身终会败坏，那什么又是坚固的法身？佛教有三身之说：色身、报身、法身。此一肉身，即是色身，四大五蕴，和合而成。色身会朽，色身能修。色身修成正果，即得报身。法身无生无灭、无垢无净，法身即一切性体。在《念佛三昧宝王论》中有："夫佛之三身，法报化也。法身者，如月之体。报身者，如月之光。化身者，如月之影。"

大龙则不这么答，大龙说：你看，山花开得多么锦绣啊，涧水湛明得映出了蓝天。什么是清净法身，此即是清净法身。法身即自性，自性生万法。万法一时显现眼前，山花涧水、似锦如蓝，还求别有一个法身吗？没有别处的法身，此处即是，当下即是，以心印心，故能见天蓝水白、锦绣山河。此即是法身，即是如来藏，即是不生不灭的空性。

此则公案，微微迷人。言语烂漫，语见天真。若为辞迷，有碍见道。若破辞迷，便见般若。所谓"青青翠竹，俱是法身；郁郁黄花，无非般若"。大龙何人？鼎州大龙山智洪弘济禅师是也。《五灯会元》还有载。僧问："如何是微妙？"大龙曰："风送水声来枕畔，月移山影到床前。"问："如何是极则处？"大龙曰："懊恼三春月，不及九秋光。"大龙以诗启意，禅风诗语汇成一片，意境之美，亦是一绝。惜乎大龙在历史上资料不全，色身已失，法身隐于诗语。

圆悟克勤品评此公案，亦有新义："殊不知，古人一机一境，敲枷打锁。一句一言，浑金璞玉。"他称许此公案："若是衲僧眼脑，有时把住有时放行，照用同时，人境俱夺，双放双收，临时通变，若无大用大机，争解恁么笼天罩地？大似明镜当台，胡来胡现汉来汉现。"此公案让人想起"花药栏"一节，然意毕竟不同。"花药栏"是随处征心，此节则是盖天盖地。

雪窦照例有颂："问曾不知，答还不会。月冷风高，古岩寒桧。堪笑路逢达道人，不将语默对。手把白玉鞭，骊珠尽击碎，不击碎，增瑕颣，国有宪章，三千条罪。"

雪窦此句最佳："堪笑路逢达道人，不将语默对。"微密之意，原不可说；法身之存，说即不中。故此事不关见闻觉知，亦非思量分别。所以古人有云："的的无兼带，独运何依赖。路逢达道人，不将语默对。"此是香岩之颂，雪窦引用也。曾有僧问赵州："不将语默对，未审将什么对？"赵州云："呈漆器。"赵州此语，也是随处征心而已。

我为诸夏伤心，也为自己
伤心，铁链已到大门

历史从来都答非所问
他满身积雪，要棒打新月

众人撒谎时，真相已然现
眼泪何曾带来过自由

我们固执翻着老黄历
找一个并不存在的好日子

白云横谷口，过往上了锁
几何和数学全无用场

黑暗时代回归，闪电
照亮了丛林里的三千条罪

我
为

原典　举云门示众云：“古佛与露柱相交，是第几机？”自代云：“南山起云，北山下雨。”

083

354-355

云门露柱

这日云门示众，说起：庙里古佛，受人礼拜；门外露柱，日晒雨淋——这是什么道理？众人皆默不作声。他便缓缓自己道："南山起云，北山下雨。"

此则公案，自问自答。云门高迈，众人低首。古佛与露柱，同为木雕，却两般境遇，真是福祸不同，遭受各异。"性"为本体，此性一如；"相"为现象，现象万殊。于万象中，需知性一。于一性中，需知能生万法、能变万象。故需见相而悟性，见性即离相。离相非不见相，而是见相不住相。不住即离。何为不住？应无所住，而生其心。应无所住则不住相，而生其心则不离相。不住相即离相，不离相即性在相中。不离而离，是为真离。真离即真如，真如即明镜，后人有"物来顺应，未来不迎，当时不杂，既过不恋"之语。此即心如明镜，照用一体。自性真如，本自具足，能生万法。本自具足则照，能生万法则用。照用一体，空性不空。空性正在那"南山起云，北山下雨"中。空性不空，正是性不离相之故。相自在那里，相中有性，舍相无性。缘起相生，其性本空。故云门能于相中见性。他所见之相便是："南山起云，北山下雨。"言空性不空，是针对相而言，性在相中。言空性本空，是针对性而言，性为空性。若不能了此，则自是坠入迷淖，或以为饶舌。若再言不空即空，则已超越大脑思维，非进阶者不能判也。

云门所言"第几机"，他已自证得"第一机"，或曰"第一义"。《涅槃经》有言："一切诸法，皆是虚假，随其灭处，是名为实，是名实相，是名法界，名毕竟智，名第一义谛，名第一义空。"此是向人说空破执之法，空性为第一义。既见空性，需知性不离相，舍相无性，空有一如，空性蕴藏在生生灭灭的借虚做假之现象中。故"南山起云，北山下雨"之中自有第一义，自有空性，自有流变，万法自在，万法一如。南山起云，木佛亦暗；北山下雨，露柱亦淋。万事万物，如此流注不息、牵触勾引，便成生生之机。处处有生，处处有灭。生生灭灭，便成分段生灭。生灭不离第一机第一义。知此便知大机者大用。知真使幻，变化无穷。

雪窦为此有颂云："南山云，北山雨，四七二三面相觌（dí）。新罗国里曾上堂，大唐国里未打鼓。苦中乐，乐中苦，谁道黄金如粪土。"界分南北，未出天地。西来东土，非为二法。隐显各具因缘，行藏则依时节。新罗天亮，大唐未央。有时把粪土作黄金，有时把黄金作粪土。然而黄金粪土，即同即不同，同者其照，异者其用。此一句是禅月《行路难》诗，雪窦引来用。禅月云："山高海深入不测，古往今来转青碧。浅近轻浮莫与交，地卑只解生荆棘。谁道黄金如粪土，张耳陈余断消息。行路难行路难，君自看。"

古佛与露柱相交，尚可此解：佛喻性，柱喻相。性相之交，且道是第几机？自代云："南山起云，北山下雨。"此即性不离相，离相知性。

最后，录一段圆悟克勤之点评："云门大师，出八十余员善知识，迁化后七十余年，开塔观之，俨然如故。他见地明白，机境迅速，大凡垂语、别语、代语，直下孤峻。"

南山

南山起云，北山下雨
凡夫岂会理解天道的运行

满坡桃树结满了橙子
汝可看清楚了自己的宿命

每个人都有秘密牢笼
蚂蚁和蜗牛也跑得比我快

我一直努力找寻终极意义
只收获词的虚无与痛

当下众神渡劫，晦暗不明
乱象让语言痛感无力

如何能在恐惧中生发勇气
他手拽长风翻云覆雨

原
典 举维摩诘问文殊师利："何等是菩萨入不二法门？"文殊曰："如我意者，于一切法，无言无语。无示无识，离诸问答，是为入不二法门。"

084

维摩不二

这一段关节，属实要旨。如何是"不二法门"？维摩诘示疾，诸菩萨受我佛委托，前来探恙。维摩诘借机说法。问到不二法门时，唯有文殊师利所答称心。文殊所答，即是以心印心法门，也是不二法门，其实旨即是"无言无语，无示无识。"如何是不二法门？默然即是。如何是最高知识？默观即是。如何以心印心？默悟即是。

古希腊哲学家柏拉图对于最高知识持有"回忆说"，他宣称灵魂不死，认为灵魂在未转世进入肉体以前，生活在理念世界中，具有理念的知识；进入肉体时，由于肉体的玷污，忘记了这种知识，通过一些具体事物的刺激，才能唤起不朽灵魂对理念世界的回忆，而获得真正的知识。

亚里士多德则持有"灵魂论"。他认为：灵魂是潜在具有生命的自然躯体的第一现实。灵魂的两个部分：一是使有生命的躯体实现的灵魂；一是使理智实现的灵魂。

中世纪基督徒奥古斯丁认为最高知

识来自"神的光照"。"一切真理都存在于上帝之中；并且，真理以光的形式照耀出来。"光照是人类获得真理的途径。

阿奎那对奥古斯丁的"神的光照"有所改造，他更强调是人本身的自然属性所获得的照明："有必要说，人的灵魂在永恒的理性中认知万物，通过参与其中，我们认知万物。因为在我们里面的智慧之光，只不过是通过参与而获得的未被创造的光的某种相似性，永恒的理由就包含在其中。"

禅宗更简易，不像西方持分析论，试探各个角度去条分缕析。无论是回忆说、灵魂论、光照论还是自有论，禅宗用一句"本自俱足"统摄之。佛性中本自俱足一切性。也没有在佛性外另具一个其他性。佛性不离万法，不离现象世界，也没有在现象世界之外另具一个佛性。这便回到六祖慧能所言："何期自性，本自清净；何期自性，本不生灭；何期自性，本自具足；何期自性，本无动摇；何期自性，能生万法。"

文殊答摩诘，以"无言无语，无示无识"示之。这个回答本来高明。然而既然"无言无语"，奈何要以"有言有语"答之？故文殊此答，理虽无差，事则有瑕。不如以默然不答示之。古德有云："道是是无可是，言非非无可非。是非已去，得失两忘。"不落语言，不立文字，不作言诠意解，此是不二法门。如何修，无处可修。如何解，无时需解。默然透参，清风拂面，即得瑕满人生境界。

这里有一段对当时维摩诘见诸菩萨的背景解释：维摩诘令诸大菩萨各说不二法门，时三十二菩萨，皆以二见有为无为真俗二谛，合为一见，为不二法门。后问文殊，文殊云："如我意者，于一切法，无言无说，无示无识，离诸问答，是为入不二法门。"盖为三十二人以言遣言，文殊以无言遣言，一时扫荡总不要，是为入不二法门。

三十二位菩萨受佛委托，来看维摩诘。《维摩经》云："为众生有病故，我亦有病。"摩诘请他们各自说说对不二法门的见地。菩萨们都说，有为无为、真俗二谛，实为一谛，是一不是二。此将种种对立，打成一片，已属高明，但未究竟。于是又问文殊，文殊可是有着七佛祖师之称。文殊遂答"无言无说，无示无识。"此见地已究竟，然而行迹尚未彻。正所谓"殊不知灵龟曳尾，拂迹成痕。又如扫帚扫尘相似，尘虽去，帚迹犹存，末后依前除踪迹。"

于是文殊却问维摩诘云："我等各自说已，仁者当自说，何等是菩萨入不二法门？"维摩诘默然。所以，这一公案，此是后手。文殊说完，请教摩诘，如何是不二法门。维摩诘息心止念，只是默然。什么是不二法门，无言无说、无示无识。于是默然。以行相示，言无所迹。这是最高明最透彻最脱迹的教法。使用言语，则已离开了形而上，故需不落言诠。使用言语，作意弄智，则已留下了形而下的痕迹。故形而下之人要理解形而上之真理，诸般教法皆是错，一心默然尚存真。

那言语呢，无言如何受教？言语是指，形而上是月。指月者，需见月则弃指。既见形而上，则当然要摆脱文字言语。此之为形蜕迹化。

佛界认为，维摩乃过去古佛，梵语云维摩诘，此云无垢称，亦云净名，乃过去金粟如来也。亦有眷属，助佛宣化，具不可思议辩才，有不可思议境界，有不可思议神通妙用，于方丈室中，容三万二千狮子宝座，与八万大众，亦不宽狭。。有僧问云居简和尚："既是金粟如来，为什么却于释迦如来会中听法？"简云："他不争人我。"大解脱人不拘成佛不成佛。

再看雪窦的颂："咄这维摩老，悲生空懊恼。卧疾毗耶离，全身太枯槁。七佛祖师来，一室且频扫。请问不二门，当时便靠倒。不靠倒，金毛狮子无处讨。"

文殊问不二法门，摩诘默然。文殊心下欢喜，道出真理："善哉善哉！无有文字言语，是真不二法门也。"

未悟者，见其故弄玄虚；已悟者，知其道行高妙。真俗二谛，果能同哉？

我写我的诗歌，干卿何事
风吹过苍山不需要理由
赋予词呼吸和温度
语言之外，王朝不存在

倚天剑飞起，斩得苍蝇么
人世有人世的自然法
神栖息黑暗里，照亮黑暗
顺行逆行皆是大道

我写

身枯槁

人民病了，
一朵梅花上重建往日
方丈徜徉三万头狮子
颠倒诗句，入不二法门

举僧到桐峰庵主处便问："这里忽逢大虫时，又作么生？"庵主便作虎声，僧便作怕势，庵主呵呵大笑。僧云："这老贼。"庵主云："争奈老僧何？"僧休，去。

085

桐峰虎声

　　桐峰庵主参学临济时，有僧来访。来者不善，以言相胁。僧说："若是大老虎突然来，你怎么办？"庵主作虎啸。僧便后退，作怕势。庵主遂呵呵作笑。僧骂了他一句，这老家伙。庵主回敬一句：你能奈我何？僧人便作罢，走了。

　　这二人斗法，如同虎戏。僧说，大老虎来了，要吃人了，你怕不怕？庵主遂作虎声，我也是大老虎，谁怕谁？僧一时后退，装势作怕。庵主哈哈一笑。二人收了斗法的情势。

　　此一斗法，妙在庵主不出言语，一作虎声，战事便休。二人机锋略一错遇，堪堪收场。僧丢一句骂咧之语，庵主也自守门户，奈我何？无奈之下，僧便去。

　　说是临济宗派下，出四庵主，有大梅、白云、虎溪、桐峰。桐峰庵主还在《五灯会元》中留下公案。

　　一例：有僧到庵前便去，师召阇黎，僧回首便喝。师良久，僧曰："死却这老汉。"师便打。僧无语，师呵呵大笑。

　　二例：有僧入庵便把住师，师叫："杀人！杀人！"僧拓开曰："叫唤作甚？"

师曰："谁？"僧便喝，师便打。僧出外回首曰："且待！且待！"师大笑。

三例：有老人入山参，师曰："住在甚处？"老人不语。师曰："善能对机。"老人地上拈一枝草示师，师便喝。老人礼拜，师便归庵。老人曰："与么疑杀一切人在！"

三例中，桐峰庵主风范尽显。且笑且打，不落话诠。僧喝他，他良久不语。僧骂他，他便打。僧无语，他一时呵呵大笑。后一例中，又喊"杀人"，又叫"谁"，又打其喝，皆是度人启机，不坠疑滞。随后一笑，见心之开。在第三例中，有老人来参访，与庵主甚契。二人不相上下，皆离形拘。老人叹说：这才是不拘无束的方法。

桐峰在几则公案中，三笑而已。呵呵一笑，尽销前因。呵呵一笑，尽去俗虑。呵呵一笑，尽开心扉。桐峰的虎啸、喝打、言启，都不如他的笑声来得痛快，来得"笑杀一切人在"。

此则公案，雪窦评点说："是则是两个恶贼，只解掩耳偷铃。"他二人虽皆是贼，当机却不用，所以掩耳偷铃。雪窦此说，自是觉得二人不分高下，举言弄吼，虚与委蛇。

圆悟克勤则评点说："此二老如排百万军阵，却只斗扫帚。若论此事，须是杀人不眨眼的手脚，若一向纵而不擒，一向杀而不活，不免遭人怪笑。虽然如是，他古人亦无许多事。看他两个怎么，总是见机而作。"

总之，二人斗法，我等看着，如同虎戏。一只老虎来访，来者不善，要吃人的样子。另一只老虎说，你吃不了我，我也是老虎。二人虚张声势，作意弄巧，打个平手。因此，雪窦觉得看着不过瘾，认为他们二人，相互放过了。其僧道："这里忽逢大虫时又作么生？"桐峰便作虎声，此便是放过处。乃至道："争奈老僧何？"此亦是放过处。"著著落在第二机。"

这里还有一个公案。百丈一日问黄檗云："什么处来？"黄檗云："山下采菌子来。"百丈云："还见大虫么？"黄檗便作虎声，百丈于腰下取斧作斫势，黄檗约住便掌，百丈至晚上堂云："大雄山下有一虎，汝等诸人出入切须好看，老僧今日亲遭一口。"

后来沩山问仰山："黄檗虎话作么生？"仰山云："和尚尊意如何？"沩山云："百丈当时合一斧斫杀，因什么到如此？"仰山云："不然。"沩山云："子又作么生？"仰山云："不唯骑虎头，亦解收虎尾。"沩山云："寂子甚有险崖之句。"

由此可见，老虎之势，在公案中累积而现，隐隐有多义。百丈与黄檗机锋过手，黄檗直下承担，不饶不让，百丈知其心性独立，已成自由之身，便说：老僧今日被老虎咬了一口。后来沩山仰山相互参此公案，互相印证见地，仰山云："不唯骑虎头，亦解收虎尾。"此句甚佳，故此沩山大赞。此语是指有放有收，不在话下。既要收虎尾，也要捋虎须。皆是度人本分。高人大师，则任尔收虎尾捋虎须，未免一时穿却鼻孔，印证或点拨，都能见机一用，穿过鼻孔。

桐峰庵主，在公案中留下的，正是他这呵呵三笑。有此三笑，庵主早已心性自在，无我敌无人敌。

想到有过那么多有趣的灵魂
我真应该庆幸生而为人

所有的美好都回向众生
得失全放下，流水坐断老虎

如果祖师不再入我的梦
内心的黑暗怎么激发出来

想 到

他脑门放光，照破四方天下
万军之中轻取上将头颅

书页展开如旋风和蝴蝶
革命的快与慢不是个问题

未来在后面，过去渐行渐远
我在佛顶峰上为诸夏哭

原典 举云门垂语云："人人尽有光明在，看时不见暗昏昏。作么生是诸人光明？"自代云："厨库三门。"又云："好事不如无。"

086

云门光明

这日云门开示，讲："人人都有一个光明在，看时不见，不看时也不见。且道什么是诸人的光明？"无人能应，遂自答道："不过是你们日日所见的厨库，日日经过的三门。"又怕众人滞于此，遂讲："我好事这样说，不如不说。"

厨库、三门均用以表示日日所见而不以为奇者，如人本有光明自性而不自知。云门不得已遂以上记二种寻常之物为譬喻，提醒学人返照自心。

人人尽有个光明在，需参。参它个十年八年，必有所获。何需对机作答，何妨勇猛精进。云门自语自答，只是以机乘机，不落思滞。又是以机销机，全盘抹去。此是云门高明之处，亦是其作为哲人，洞见思虑烦恼、苦楚无明之后，所作的开示。

自心自有光明，后人乃有王阳明遗言："此心光明，夫复何求。"光明者，非物质也，故看时不见，暗时昏昏。光者波也，明者无杂也。无杂之波，实乃形而上。坍塌为粒子，才会形成物质，形成物质则有形而下的客体世界。形而下者，则有杂染，则有清浊，则有善恶，则有智愚。人人自有一个光明，则人人皆具形而上的可能，人人皆有佛性之存在，人人皆能从精神性中领会无尽藏，人人皆能拨毒去蔽，恢复自性。

后有宋代僧人释心月的《偈颂一百五十首》中颂此："厨库对僧堂，三门朝佛殿。南来与北来，一见一切见。"宋代僧人释慧方《偈颂十五首其三》颂此："山河大地，灯笼露柱。厨库三门，皆是光境。"宋代僧人释坦则有《偈》说："径山有个竹篦，直下别无道理。佛殿厨库三门，穿过衲僧眼耳。"

日日所见，能否日日所觉？处处所在，能否处处所证？见者即觉，在者即证，此番功夫，是为禅门不二法门。所述文字，皆是离攀。若离文字，自能有悟。故拘泥于文字语意，则思滞念执，永不销业。若能睹物知机，见声觉性，则文字无障，文字中尽是光明佛性。

"好事不如无"，则又牵连出众多公案。参一句"好事不如无"，胜过造七级浮屠。下面给出此句的众多典故：

《五灯会元》卷四"赵州从谂禅师"：文远待者在佛殿礼拜次，师见以拄杖打一下曰："作甚么？"者曰："礼佛。"师曰："用礼作甚么？"者曰："礼佛也是好事。"师曰："好事不如无。"

《五灯会元》卷四"雪峰义存禅师"：问："剃发染衣，受佛依荫，为甚么不许认佛？"师曰："好事不如无。"

《五灯会元》卷十四"梁山善冀禅师"：问："和尚几时成佛？"师曰："且莫压良为贱。"曰："为甚么不肯承当？"师曰："好事不如无。"

《五灯会元》卷十四"大洪报恩禅师"：僧问："一箭一群即不问，一箭一个事如何？"师曰："中也。"曰："还端的也无？"师曰："同声相应，同气相求。"曰："恁么则石巩犹在。"师曰："非但一个两个。"曰："好事不如无。"师曰："穿却了也。"

《五灯会元》卷十六"云峰志璿禅师"：上堂："一切声是佛声，涂毒鼓透入耳朵里。一切色是佛色，铁蒺藜穿过眼睛中。好事不如无。"

《五灯会元》卷十八"本寂文观禅师"：上堂："过去诸如来，斯门已成就。好事不如无。现在诸菩萨，今各入圆明。好事不如无。未来修学人，当依如是住。好事不如无。还知么？除却华山陈处士，何人不带是非行？参！"

就此来看，"好事不如无"，原始版权该算谁的？我们排一下年代顺序：云门文偃禅师（公元864-949年），唐末僧人；赵州从谂禅师（公元778-897年），唐晚期僧人；雪峰义存禅师（公元822-908年），唐晚期僧人；梁山善冀禅师，青原下十世，宋代僧人；大洪报恩禅师，青原下十一世僧，宋代僧人；云峰志璿禅师，青原下十三世，宋代僧人；本寂文观禅师（公元1083-1178年），宋代僧人。由此来看，这句话的出处原始版权应该是赵州和尚，因其年代最靠前。

但大约他这句话也不是他的原创，要么是一句俗语，要么是他口耳相传于庞蕴居士。庞蕴跟赵州的师父南泉同侍过马祖。据流传的一个民间版本讲：昔年庞蕴一心向佛，将家财沉入水底。有人不解，问何不把财产散给众人，以做好事。庞蕴居士答道："好事不如无事。"这或许是"好事不如无"的最初版本。

　　一个人喜欢多事，称为好事。一个人行了好事，亦称为好事。如此则有两义。喜欢多事，不如无事。即便做好事，也不如无事。无事是贵人。知此两解，入于无义，便能知妙明真心，如何自在。

　　再截取一段云门耳语："日里来往日里辨人，忽然半无日月灯光，曾到处则故是，未曾到处取一件物，还取得么？"且看《参同契》一段是可作解："当明中有暗，勿以暗相睹。当暗中有明，勿以明相遇。"

　　心花发明，一时照十方刹。无暗无明，无远无近。实乃无物可取，亦无一物不可取。

我
接

我接到了来自土星的信号
　　说世界需要一个诗人

他终身都在作精神的考古
　　时时观看心的动静

　　他坚守着一种记忆
同时代对峙，与愚行为敌

当物我相见，不能不起念
　　他遂活出自然的德行

　　天道与人世两不相欺
每一颗灵魂都有它的坚硬

生命本大于一切宏大叙事
　　我看见了自己的光明

举云门示众云："药病相治，尽大地是药，那个是自己？"

云门药病

此番云门得了机窍，言药言病，自是相洽。相治即相洽。对人说机，须得医士心肠。凡人有偏性，圣药即济偏救弊，复归中道。中道既得，不偏不倚，反求诸己，不假外求，即获向上之资，即踏成圣之途。故圣不在别处，自心顿悟，万般皆离，便药到病除，始归禅理。

云门又说"尽大地是药"，谁能看见？因何而见？尽大地是药，唯有医者悟者能见。悟者慈悲，便为医者。医者治贪嗔痴慢疑，心药一副，速速服去。见事知理、见相知离、见迹知空。故大地上尽是药，尽是开悟之机。心有何累？心有何缚？心在何处？心下何如？此正是紧要关头。满目繁华，如何以苍凉视之；世事窘迫，如何以宽宏处之。此正是药病相治之时。

云门再喝一句"哪个是自己"，发人提撕，此正是活人手段。云门怕人落入呆滞昏沉，因此句句有省。尽大地是药、是机，你在哪里，哪个是你？茫茫然，踌躇然。吾是谁，谁是吾？我缘何于此，缘何有念，缘何有行？我为何长成这样，为何来此人间？有答案吗，有，清风明月、厨屎撒尿。有答案吗，没有，明月清风，撒尿厨屎。

圆悟克勤说，世尊四十九年，三百余会，应机设教，皆是应病与药。此言不虚，大教即大医。若为教主，即是医师。克勤又说，如将蜜果换苦葫芦相似，既淘汝诸人业根，令洒洒落落。淘人业根，即是销业。理若顿悟，业便齐消。所谓业根，执念所喂。执念打破，业无所依。如釜底抽薪，业何存焉？

克勤又说得一段药病相治，可谓苦口良药："尔若着有，与尔说无；尔若着无，与尔说有；尔若着不有不无，与尔去粪扫堆上，现丈六金身。"此正是参公案之法，看僧之病，再悟师言，即知药病相治，随机应答。看似漫漶支离，实则一语即中。

"尽大地是药"，亦是典故。话说文殊一日，令善财去采药云："不是药者采将来。"善财遍采，无不是药，却来白云："无不是药者。"文殊云："是药者采将来。"善财乃拈一枝草，度与文殊，文殊提起示众云："此药亦能杀人，亦能活人。"此典出《华严经》。文殊令善财采药，先采不是药的，再采是药的。然而善财一一采来，"无不是药者"。即便一株普通的草，文殊示说，此是药，能杀人，能活人。此语所示，凡物既有毒性，又有药性。所合者，即是药；不合者，既成毒。份量合适，则成药，份量不当，则成毒。

雪窦于此，亦成颂云："尽大地是药，古今何太错。闭门不造车，通途自寥廓。错错，鼻孔辽天亦穿却。"

尽大地是药，原许菩萨心肠。如炼金术士，无一样元素是多余的、没用的。俗语也说，垃圾是放错地方的宝贝。只要禅机发露，即能药病相治，如同匙锁相遇，咔嚓一声，天门洞开。

种子

种子困在时间里，如何发芽
我闭门造出悲伤的车马

人是多么奇怪的物种
一把神经刀，就想君临天下

众生皆病否？大地一片茫然
谁是我的药我是谁的药

我一旦认清楚了自己
千佛出世，也要倒退三千里

文字的激流中，我得雨得风
世界颠过来死活由人

只要走下去就是道路
水自在流淌，管他云落云起

举玄沙示众云："诸方老宿，尽道接物利生，忽遇三种病人来，作么生接？患盲者，拈锤竖拂，他又不见；患聋者，语言三昧，他又不闻；患哑者，教伊说，又说不得，且作么生接？若接此人不得，佛法无灵验。"僧请益云门，云门云："汝礼拜著。"僧礼拜起，云门以拄杖，僧退后，门云："汝不是患盲。"复唤近前来，僧近前，门云："汝不是患聋。"门乃云："还会么？"僧云："不会。"门云："汝不是患哑。"僧于此有省。

088

一句寻思，万句凿穿。玄沙和尚能出此问，是悟得根节处。岂只遇得三种病人。人有六根，一遇六尘，即获六识。若认假做真，此是六种病人。六根清净，非关斩断六根、远离六尘、关闭六识。要想六根清净，只得随染随净，随入随出，随识离识。此时心如明镜，六识所映，皆知其幻。知幻即离。非别有一个所离处。

玄沙三病

另有六种病人：眼根有病，则无色识；耳根有病，则无声识；鼻根有病，则无香识；舌根有病，则无味识；身根有病，则无触识；意根有病，则无法识。甚或六根皆病，如何得度？玄沙悟得此处关节，藉此询人。他仅以三病作例：盲者不能见，聋者不能闻，哑声不能语，怎样接引他们？克勤说，这也是"玄沙参到绝情尘意想，净裸裸赤洒洒地处，方解怎么道。"

据闻玄沙常以此语接人。有僧久在玄沙处，一日上堂，僧问和尚云："三种病人话，还许学人说道理也无？"玄沙云："许。"僧便珍重下去。沙云："不是不是。"这僧会得他玄沙意，问，你所说的"三种病人话头"，还让学人参说应对吗？玄沙言，让。此僧礼拜便下。而玄沙又说，不是不是。这"不是不是"是个什么道理？此是活扣，前有"许"，后有"不是不是"。正是活人之法。

地藏桂琛和尚为玄沙师备弟子。一日，地藏道："某甲闻，和尚有三种病人话是否？"玄沙云："是。"地藏云："桂琛现有眼耳鼻舌，和尚作么生接？"玄沙便休去。地藏参悟此语日久，颇有心得。一日寻机而问，莫道三种病人，我无此三种病，和尚怎么接引我？玄沙无语、默然、离去。此是高明之法，亦是对机之方。行动语默，皆有禅机。此处玄沙，以心会心，心法已传。

地藏又传法眼和尚。法眼遂创立法眼宗。后来法眼和尚云："我闻地藏和尚举这僧语，方会三种病人话。若道这僧不会，法眼为什么却恁么道？若道他会，玄沙为什么却道不是不是？"法眼亦立一个陷阱，瞒骗天下僧老。玄沙以"许"与"不是"，行勘破之法。当你执无，则以"许"破之。当你执有，则以"不是"破之。法眼设陷，这僧会还是不会呢。若道不会，我称引其语；若道会，玄沙却道不是。公案之参，既不能言会，也不能言不会。言会者，落入有执；言不会者，落入空执。非空即有，二元对立，皆落法执，此正是思维意识障碍。

说来这是一长串链条，参此公案者，不计其数。及至云门时，亦以参此公案为高标。于是有僧话里相问，云门着其礼拜，遂以打破眼盲，以唤破耳聋，以答破口哑。这正是：本无三种病，奈何苦相参？无此三种病，接引已完毕。僧于是有省。

和尚本无事，奈何以三种病竟相寻事。病转身离，便获禅机。禅机初至，心下轻安。此正是解脱之机、安顿之时。天下岂有别种接引？

玄沙宗一禅师，法名师备。福州闽县人也。唐咸通初，年甫三十忽慕出尘。乃弃钓舟，投芙蓉山灵训禅师落发。往豫章开元寺道玄律师受具。常终日宴坐，众皆异之。与雪峰义存本法门昆仲。而亲近若师资。雪峰以其苦行，呼为头陀。

地藏桂琛禅师（公元867-928年），五代禅僧。二十岁依本地万岁寺无相法师披剃出家，后来参谒雪峰禅师未曾领悟，后又参玄沙师备，大受启迪，廓然无惑。漳州牧王公请住城西石山（今福建省福州）地藏院十余年。后迁居漳州（今属福建省）罗汉院，开法宏禅，人称"地藏桂琛"或"罗汉桂琛"。

法眼文益禅师（公元885-958年），地藏桂琛禅师之法嗣，余杭人。七岁出家，二十岁受具足戒。南下参访，师事桂琛。清凉文益传承弘扬桂琛"若论佛法，一切现成"思想，并汲取华严思想入禅，创立了中国禅宗五家中最后一个宗派——法眼宗。文益以"三界唯心，万法唯识"为思想核心，直接培育了以天台德韶为上首的大批佛门弟子。

如果

如果我们能够顺天应人
那么，谁还需要那些真理

时代对不住古典的悲痛
败坏了祖先的思想和语言

山河不殊，豪杰却不在了
汝知神仙只打神仙的架

我带来了一树盛开的梅花
只为找那道友善的柴门

他听到苍山上蚂蚁的争斗
知道天下将亡满脸泪流

花开花落自有它的时辰
何不端坐窗前，读碧岩录

举云岩问道吾："大悲菩萨，用许多手眼作什么？"吾云："如人夜半背手摸枕子。"岩云："我会也。"吾云："汝作么生会？"岩云："遍身是手眼。"吾云："道即太杀道，只道得八成。"岩云："师兄作么生？"吾云："通身是手眼。"

云岩手眼

云岩和道吾，俱在药山下同参。二人常咨参抉择，互证有无。这一日，云岩问道吾：菩萨示千手千眼相，要这许多手眼干什么？道吾妙答：这就像半夜看不见，用手摸枕头。云岩说我知道了，原来遍身是手眼啊。不料道吾却说：你说得却又说过了，只说得了八成。云岩问：那师兄会怎么说？道吾说：我也还是说通身是手眼。

道吾之意，意在提撕。心法需悟，勿用言会。言语落入支离，说似一语即不中。无论你说遍身是手眼，还是通身是手眼，实则是盲人摸象、以管窥豹。都无法全中。最多也只能道个八成。但是，离开语言这个工具又无助于启发。一旦你有所悟，便要离开这个工具。语言是渡河之舟，一旦到达彼岸，便要舍舟而去。云岩问，师兄你会怎么说？道吾递过来一只舟：通身是手眼。舟还是那个舟，但是，我递给你，能得渡。你自己渡，误以为舟是岸。故云岩答"遍身是手眼"时，是以舟作岸。道吾重新发明这个句子时，是提醒云岩：舟还是舟，上岸舍舟，不要抱着舟不放。

多少后人，在"遍身"和"通身"的字眼上作文章。不仅死死抱着舟不放，还要计较此二舟之不同，于是便忘了渡河之目的。此之谓参死句。参死句不能活人。要想死句变活句，必得有翻转功夫、离相去执功夫。如此方知，言之为言，舟之为舟，用时须用，舍时须舍。用而不舍，舍而不用，皆非中道。该立文字时须立，该离文字时须离，此是不立文字之意旨。百丈有云："一切语言文字，俱皆宛转归于自己。"此是真切之见，又是肺腑之言。须知：既知一切语言文字转归于自己，为何将此语向外放？这正是死句活句之机，学人须密参。

还是圆悟克勤知解得妙："如今人多去作情解道，遍身的不是，通身的是，只管咬他古人言句，于古人言下死了。殊不知，古人意不在言句上。此皆是事不获已而用之，如今下注脚，立格则道，若透得此公案，便作罢参会。"

又有一公案，可作旁证。有曹山问僧，应物现形如水中月时如何？"僧云："如驴觑井。"山云："道即杀道，只道得八成。"僧云："和尚又作么生？"山云："如井觑驴。"便同此意也。曹山未将原舟奉还，而是颠倒其舟。使其知舟知岸，不作迷舟迷岸想。

华严宗中，立四法界。一理法界，明一味平等故；二事法界，明全理成事故；三理事无碍法界，明理事相融大小无碍故；四事事无碍法界，明一事遍入一切事，一切事遍摄一切事，同时交参无碍故。所以道："一尘才举，大地全收。"一尘含无边法界。一尘既尔，诸尘亦然。故知菩萨既有千手千眼，实非千手千眼，暂名千手千眼。此手眼不过是一手中含遍千万手，一眼中含遍千万眼。人不能塑此像，故以千手千眼之怪绘之。此之为罪过菩萨。理明、事明、理事皆明、事事无碍，得此四法界，遍知周宇，不过微尘。如同全息理论，如同一叶知秋，一条头发丝能绘制整个基因图谱。知此便知宇宙堂奥。

手眼通身，眼手遍体。千手千眼，俱在微尘。

所有

所有文字最后都指向自己
十面镜子环绕，如何出去
大鹏展翅，立起都是手眼
四海之水都是诸夏的笔名
蝴蝶与暴风雨有什么关系
麦田为何可以长出玉米
古井悲伤，打量井边驴子
它们脸上都留着二手时间
伟大一定会催生些许瑕疵
记忆和天空发出一棵枇杷
远处有一粒尘埃忽然扬起
怕是传递一个不祥的消息

原典 举僧问智门："如何是般若体？"门云："蚌含明月。"僧云："如何是般若用？"门云："兔子怀胎。"

智门般若

般若意即空性，性空乃有缘起。性空为体，缘起为用。空性不在别处，在事物自身。千灭万灭，空性不灭。千灭万灭，缘起不灭。缘起有因果、有感应，甚或有科学家在讨论的"量子纠缠"。西方心理学家亦以"吸引力法则"论之。

今有僧问智门和尚：什么是空性之体？智门答道：中秋之时，蚌含明月。僧又问：那什么又是空性之用？智门再答：明月过后，兔子怀胎。

汉江出蚌，蚌中有明珠，到中秋月出，蚌于水面浮，开口含月光，感而产珠，合浦珠是也。若中秋有月则珠多，无月则珠少。此之谓"蚌含明月"。见此凡景，亦是圣迹，知凡景中有圣迹，便能了知空性。

兔属阴，中秋月生，开口吞其光，怀胎生子，亦是有月则多，无月则少。智门道"蚌含明月"、"兔子怀胎"，都用中秋意。只是其用意非关蚌兔，非关月影。而是含玄论指，含沙射影。一句中语意，皆在文字之外。若寻文字而去，则渺不可得。故圆悟克勤说："他是云门会下尊宿，一句语须具三句。所谓函盖乾坤句，截断众流句，随波逐浪句，亦不消安排，自然恰好，便去险处答这僧话，略露些子锋芒，不妨奇特。虽然恁么，他古人终不去弄光影，只与尔指些路头教人见。"

克勤此处指洽得妙："他古人答处，无许多事，他只借其意，而答般若光也。他意不在言句上，自是后人，去言句上作活计。"

盘山和尚曾言："心月孤圆，光吞万象。光非照境，境亦非存。光境俱亡，复是何物？"如何是般若体，如月之光也。如何是般若用，如月之光也。然而，光境俱亡，复是何物？何处觅光？此光不在别处。古人道："汝等诸人，六根门头昼夜放大光明，照破山河大地，不只止眼根放光，鼻舌身意亦皆放光也。"此正是吾心光明处。

法眼《圆成实性颂》云："心是根法是尘，两种犹如镜上痕。尘垢尽时光始现，心法双忘性即真。"又道"三间茅屋从来住，一道神光万境闲。莫把是非来辨我，浮生穿凿不相关。"知此光明心体，便是光明性体，便是光明空性。只是莫去作意寻光，寻出一身毛病。所谓光者，不过抽象之表达。非实有光也，凡所有光，即成形相，便为流物，如许则已形而下了。而所谓光者，乃形而上之别称。

智门即智门光祚禅师，宋代云门宗僧。浙江人，生卒年不详。曾参访益州（四川成都）青城山香林院澄院，得其心印，并嗣其法。初住随州双泉，复徙于智门寺，大振宗风，世称"智门光祚禅师"。其弟子有雪窦重显等三十余人。智门上堂时曾说："山僧记得在母胎中有一语，今日举似大众。诸人不得作道理商量。还有人商量得么？若商量不得，三十年后，切莫错举。"

文字写出前什么景象
我必须相信万物的生长

风格经过了准确计算
眼前的光明从不会间断
汉江月亮发千古幽思
让蚌结珠胎，兔怀念想

文字

赵野词

祖师的战争狂打一整夜
早晨露水开出了活句
大地震动，花朵纷纷凌
他朝着失败一路狂奔
历史几时曾为谁改道
诗人的梦里光与境俱亡

举盐官一日唤侍者："与我将犀牛扇子来。"侍者云："扇子破也。"官云："扇子既破，还我犀牛儿来。"侍者无对。投子云："不辞将出，恐头角不全。"雪窦拈云："我要不全的头角。"石霜云："若还和尚即无也。"雪窦拈云："犀牛儿犹在。"资福画一圆相，于中书一牛字，雪窦拈云："适来为什么不将出？"保福云："和尚年尊，别请人好。"雪窦拈云："可惜劳而无功。"

盐官犀扇

这段公案，看似烦琐。不如切做两段。第一段是二人转，第二段是看客起哄。

二人转中，盐官与侍者说了三句话。盐官和尚要侍者拿犀牛扇子，侍者说扇子破了。盐官说既然扇子破了，把犀牛还我好了。侍者一时语塞。

盐官即杭州盐官县镇国海昌院之齐安禅师，唐代僧人。少依本郡云琮出家，并从南岳智严受具足戒。后闻马祖道一行化于龚公山，乃往参诣。道一见而器之，密示正法。宣宗敕谥'悟空大师'。

盐官云："扇子既破，还我犀牛儿来。"且道他要犀牛儿作什么？也只要验人知得落处也无。结果侍者未能抓住勘验之机。此处机锋，落在犀牛是谁，也有似无之上。若悟犀牛，便悟心性。犀牛不在别处，无形无相，又化形化相，此正是自家天真。

围观这个公案的，有两层看客。一层是投子、石霜、资福、保福这四个和尚，他们想替侍者来答。后一层是雪窦和尚，第一层看客起哄后，他又替盐官作答。

投子扮侍者说：还给你犀牛不成问题，只怕是头角已经不全了。（雪窦扮盐官接语：我就想要不全的头角。）

石霜扮侍者说：若把犀牛还给和尚，我这儿就没有了。（雪窦扮盐官接语：犀牛人人俱备，你的不是还在吗。）

资福扮侍者而不语，于地上画一圆圈，中间写个牛字。（雪窦扮盐官接语：为什么不早点牵出来呢？）

保福扮侍者说：和尚年事已高，还是请别人替你拿吧。（雪窦又接语说：可惜白费力气，劳而无功。）

一般人恐怕已经要疯了。和尚们都不好好说话，故弄玄虚。拿扇子便拿扇子，为何要生出这许多事端出来。岂不闻，此事虽不在言句上，且要验人平生意气作略，则又必得如此借助语言来磕碰触撞，方能以机锋启人。

看几位和尚所答，各有各的"理路"。投子顺势而为，你要犀牛，可以拿去，只是恐怕头角不全了。石霜则不给，我要是给了和尚，我自己就没有了。资福懂得动静默然之理，也不说话，画字示人：牛在这儿，你来取吧。保福则又是一路，和尚你年纪大了，拿不动，还是让别人拿吧。

四人所答，如行云流水，洒脱无碍，全无半点呆滞。这便是应机所答。接过机锋，或顺势而去，或格挡折断，或指东打西，或轻巧回避。见和尚们的机锋，真的如同剑术格斗一般有趣呀。

雪窦天份自是极高，整本碧岩录一百个公案，都有他做作的颂。在这则公案中，他又时时插嘴，处处逗机。极有深参公案的细密功夫。只是雪窦也是个饶舌的汉，爽利自是爽利，未免话密惹人讨厌。

一把破扇，演绎出这许多后事。早知如此，将它补好得了。

灾难把一个种族打回原形
告诉他们，文明还很远

他们像羊一样被成群牵走
皮鞭是祖传的全部收藏

南方有几粒红豆寄托忧思
国家残破了，春秋还在

灾　难

他欲钓巨鲸却上来个虾蟆
只有胜利者才撰写历史

如果清风回头，雨露又起
昨日的梦今天再做一回

一代代革命者劳而无功
今天扫过地明天还要重扫

举世尊一日升座，文殊白槌云："谛观法王法，法王法如是。"世尊便下座。

世尊升座

这则公案简则简、远则远。早在世尊拈花说法之前，便有此等过节。若追禅宗久远，心法别传，其根竟在此处。正是释迦升座，文殊敲边鼓。文殊请释迦演示无上之法、法王之法。释迦默然、下座。演法毕。

这一段默然便下座，正是法无可说、法需自悟、心法已忖、悟者自悟的过程。若言玄虚，无一丝玄虚可得。若言平实，无一丝言语可得。语静动默，皆有密意。密法已忖，复归默处。"谛观法王法，法王法如是"。中人，不可语上也。上人，则不可语也。中等智人，不能给他说高明的话，高深的话他听不懂。上等智人，不用与他说高明的话，不说他也能懂。话一出口，再高明的话也不高明了。此之谓高山流水、大音希声。若能自悟，即是天启。若不能自悟，任众神高抬襄助，亦是无个着力处。故反求诸己，不假外求，实为修行第一原则。

正是此段"空茫"，使人发悟。空茫中洞见空性者，即知密意。然而洞见空性者，必不可说。若有所说，即成非空。故禅者必得指东打西、言不及义、所答非问、荡开一笔。

常有入禅深者，弃禅而去。何故？因上等佛法，皆以"无空"相忖。而自家心地，又未及开启，未有深泉火莲相涌，未有无边义理相随。便觉禅宗佛法，不过尔尔，一空百空，索然无义。实是自家心境未开，心源未掘，故到得西天，不识西天。反而诟佛骂祖，背信弃义，改弦更张，岂不痛哉。

要知世尊说法三千，最终仍说："我实无一法可说"。这是根本大法，无上之法，法中之法。了知于此，便知佛法大意，浩浩卷帙，亦是针对世间诸病，所付诸药。有字之药，治有症之病。无字之药，则对治无症之病。有症之病，他人可医；无症之病，惟人自救。人能显示无症之病，自欺自瞒，以假乱真，瞒仙诳佛，实无可救药也。到此终极地步，只能以无语忖之。若不能对自己痛下杀手，消灭小我，终是一场人生，竹篮打水，全无功德。故此，如何能言？言即成险。只是聪明之人，妄图以别法而处之，盲修瞎练、自以为是，终至付之东流。

古人道："意在默然处。"又道："在良久处，有言明无言底事，无言明有言底事。"永嘉禅者亦道："默时说说时默。"皆是以默然应对为最高指示。然而学得此一招，并非可应万般事。仍是需一个开启自悟的活计，方能知此语不虚。

雪窦故此颂曰："列圣丛中作者知，法王法令不如斯。会中若有仙陀客，何必文殊下一槌。"克勤点评说：灵山八万大众，皆是列圣，文殊普贤，乃至弥勒，主伴同会，须是巧中之巧，奇中之奇，方知他落处。当时会中，若有个汉，顶门具眼，肘后有符，向世尊未升座已前，觑得破，更何必文殊白槌。

《涅槃经》云："仙陀婆一名四实，一者盐，二者水，三者器，四者马。有一智臣，善会四义，王若欲洒洗，要仙陀婆，臣即奉水，食索奉盐，食讫奉器饮浆，欲出奉马，随意应用无差。"当时若有个仙陀婆，向世尊未升座已前透去，犹较些子。世尊更升座，便下去，已是不著便了也，那堪文殊更白槌。

弦声

弦声初动，心曲全部袒露
一句说尽了恒河沙数

满山的杜鹃从来不曾劳作
一切存在皆无需刻意

谛观法王法，法王法如是
活一世也就这个样子

春风果能起义，突破悬崖
他端坐崖上何必拈花

三生六十劫不见圣人
黑暗中的父亲要负起责任

所有的发生我全都会看着
没有语言，何来万物

原典

举僧问大光："长庆道因斋庆赞，意旨如何？"大光作舞。僧礼拜。光云："见个什么便礼拜？"僧作舞，光云："这野狐精。"

大光作舞

昔年有金牛和尚道："菩萨子，吃饭来。"有僧问其意旨，长庆和尚道："因斋庆赞。" 本则乃承自碧岩录第七十四则"金牛饭桶"之公案。金牛和尚每至正午食时，自将饭桶于僧堂前作舞。后有一僧以之叩问长庆，长庆遂赞叹金牛之所为。

今又有僧举此问大光和尚：如何是因斋庆赞之意旨？

大光不语，只是以手舞足蹈回答，他显然是读过了金牛作舞的公案。这便是一个哑谜，有变成套路的危险。反正当你学习后，知道了禅宗有个最高准则：沉默不语比开口说话要高级。因此不悟也可以装悟，自欺以便欺人。当然，这里大光是个脱落的僧，他的开悟自有其他一些行迹印证。

当大光作舞时，提问的僧也懂得这个道理。只是不语，作势礼拜。这样子当然是一个以心印心的举措，意味着你以跳舞的方式传递答案，我懂了。但是大光还想再考证一下，此僧是否真懂了。便问：你知道了什么，就这样礼拜？此僧依然不语，也作起舞来。这有点像下模仿棋，模仿对方的动作，依然打哑谜。不过有的人打哑谜，是知高深玄法；有的人打哑谜，是掩盖自己的无知与虚弱。

我们无从得知，这个僧的水平怎样。他似乎在公案中未留下名姓，也没有其他的资料支持此僧的见地。但就这则公案而言，此僧至少是个习禅时间很长的和尚，他懂得禅法的一些基本套路与道理。但是否已然开悟，也实在说不好。因为我们也看不出来大光的回答，究竟是赞许还是批判。

面对此僧的作舞，大光笑骂了一句："你这个野狐精。"野狐精也就是野狐禅之意。假若对方高明，野狐精就是个赞人之语，言其不拘一格；假若对方平庸，野狐精则是个贬人之语，言其未入门径。故此，大光如何印证此僧的水平，显然是一个谜。

但是，一般解此公案者认为，喝斥野狐精是大光对僧的批驳："大光与金牛同样作舞，僧则礼拜之，大光呵责其礼拜，僧亦仿其作舞。如是，则禅旨之领悟与禅徒相互以机锋勘验之切磋，易陷于缺乏实悟之泥沼，而仅落于模仿之葛藤，故大光以'这野狐精'喝斥之。"

圆悟克勤这样评价道："大光善能为人，他句中有出身之路。大凡宗师，须与人抽钉拔楔，去粘解缚，方谓之善知识，大光作舞，这僧礼拜，末后僧却作舞，大光云'这野狐精'，不是转这僧，毕竟不知的当。"克勤也认为，大光对此僧是批驳而非印证。

大光即大光居诲禅师，公元 836-903 年。曾参学于石霜和尚处，得其秘印。其过程如是：一日，霜知缘熟，试其所得。问曰："国家每年放举人及第，朝门还得拜也无？"大光曰："有一人不求进。"霜曰："凭何？"大光曰："他且不为名。"霜曰："除却今日，别更有时也无？"大光曰："他亦不道今日是。"如是酬问，往复无滞。石霜遂为印证。大光参禅二十余年不出世。后住潭州大光山，学众亲依，为世所重。

学习禅法，若学个模式与套路，则有违本意。故此，禅法不可学，只能参。参到无穷处，方能见机说法，洒脱应对，而不拘泥于他人锤钳，此时便见自家面目。

他反

他 反 复 测 试 各 种 极 限
口 号 行 走， 离 一 切 相

所 有 的 器 官 重 度 污 染
心 上 留 着 前 世 的 创 伤

败 给 野 蛮 又 败 给 文 明
在 奴 役 中 自 由 的 活 着

形 势 从 来 都 比 人 更 强
瞌 睡 总 是 能 遇 到 枕 头

习 惯 了 的 恶 还 是 恶 吗
历 史 终 结 时 只 有 诗 歌

我 们 还 需 要 重 返 人 类
三 十 二 祖， 只 传 这 个

举《楞严经》云："吾不见时，何不见吾不见之处？若见不见，自然非彼不见之相，若不见吾不见之地，自然非物，云何非汝？"

094

楞严不见

直接抄一段经文，当公案来参。这在《碧岩录》中，甚是少见。"碧岩录"一百则公案，先是由雪窦颂出，称为颂古百则。其后由其弟子圆悟克勤加以点评酬唱、传承启人，因其方丈室有"碧岩"二字，故称之为"碧岩录"。

何妨多录一段《楞严经》："若见是物，则汝亦可见吾之见。若同见者，名为见吾。吾不见时，何不见吾不见之处。若见不见，自然非彼不见之相。若不见吾不见之地，自然非物，云何非汝？"

此为阿难问佛，佛解其意。这里转引一段圆悟克勤所解，其意精道："阿难意道，世界灯笼露柱，皆可有名，亦要世尊指出此妙精元明，唤作什么物，教我见佛意。"

若不引述，则前因后果不明，此语难解。此经中，背景如下："世尊云，我见香台。阿难云，我亦见香台，即是佛见。世尊云，我见香台则可知，我若不见香台时，尔作么生见？阿难云，我不见香台时，即是见佛。佛云，我云不见，自是我知，汝云不见，自是汝知。他人不见处，尔如何得知？"这正是阿难问佛，我之所见，即是佛见。佛则说，我若不见，你怎么见。阿难说，我见时，是佛在见；我不见时，是在见佛。佛则说，我的不见我知，你的不见你知。别人见不见，你如何得知。随即，佛开示了公案这段话。

公案这一段约略可译为："当我收敛我的眼睛不看外物的时

候，你怎么看不到我那敛着的眼睛时的见性呢？你如果看得见我那敛着的眼睛不看外物时的见性，那你所看到的，当然就不是我那闭眼不看的物象，而是看到了我的见性；如果你看不到我敛着眼睛不看不看外物时的见性，当然见性就不是物体了，那不就是你的妙明真心吗？"

这段话有些绕，也有些夹杂，但实则简单：吾不见时（不看外物），何不见吾不见之处（不见之处即能见之性）？若见不见（即见能见之性），自然非彼不见之相（自然看到的不是闭目之相）；若不见吾不见之地（若不见能见之性），自然非物（你要想到它当然不是外物），云何非汝（不就是你的自性吗？）

我佛为破阿难色执，七处征心，八还辩见。如同把一个洋葱头剥开，内部空空如也，如此则妙明真心自现。能见自性，即见佛性。此是即心是佛之理。阿难受此大法，遂成一代雄师。

我们所言，见地高明者，见于何地？此见地，非指见识、见解，也非指见物、见境。而是指见于无漏之地。识得自心，即见于佛地。明心见性，即得见地。知此见地，即知正见。知此正见，便去我执，不落边见。唯"苦、集、灭、道"四圣谛，可谓正见之途。依此之途，即明见地。见地既明，即能见性。

雪窦搬弄此章，意在明心见性。否则，明目见物者，始终心向外寻，不见其性。愈是聪明者，愈是外荡其心，而无内学之实。求其外放之心，回到自家腔子，返观内视，久久自明。此之谓明心见性。

见性非物，见性即汝。世尊于此，必得是嗓门调高，大喝一声。

万物皆有名，我见到了
灯笼，露柱，香台

一滴海水有大海的味道
我见到了一枚贝壳

羚羊挂角不染纤尘
我击壤而歌，跌宕自喜

三月偷渡，你来告诉我
你只摸着大象的头

清风吹过时死活只一念
我见到了你的不见

会心人在苍山深处
我放下屠刀与语言相遇

赵野词唱

万物

举长庆有时云："宁说阿罗汉有三毒，不说如来有二种语。不道如来无语，只是无二种语。"保福云："作么生是如来语？"庆云："聋人争得闻。"保福云："情知尔向第二头道。"庆云："作么生是如来语？"保福云："吃茶去。"

长庆佛语

之前说过，长庆、保福二人，于雪峰座下，互为参友。一日平常说话，长庆言：贪、嗔、痴三毒，若是阿罗汉，需尽且拨出；如来说法，只是不二，没有两般语言。如来所教，不是无语，是无二般语。保福则问：那什么是如来语？长庆答：聋人怎得闻？保福再说：你所说只是第二义。长庆果然上钩：那你说什么是如来语？保福说：吃茶去。长庆、保福两位道友，这日闲谈。长庆穷究释理，三毒拨尽，则证罗汉。不二悟入，则见如来。保福提出一个命题：什么是如来语？也就是问什么是如来的教法，如来如何说法。如来之教法，可见《法华经》云："唯此一事实，余二则非真。"又云："唯有一乘法，无二亦无三。"圆悟克勤则言：世尊三百余会，观机逗教，应病与药，万种千般说法，毕竟无二种语。 法门不二，即是佛法大意。保福明知故问：如何是如来语？长庆则回：聋人怎得闻。这句话亦含多义性：你是聋子说了你也不知道；聋人不得闻；聋人亦得闻。一句中含三句，这句话的机锋，是相当了不起。长庆的见地，果是不虚。然而保福能超然直上，另见高明。他果断指出，你这是第二义。为什么，当你就事论事，就已落入第二义。只要你回答我的话，就已落入第二义。说似一语即不中。只要你心中有疑情，就已落入第二义了。长庆自是上钩，那你说说。保福以不相关的语言斩断惑疑：吃茶去。豁然开解，全无瓜葛，不再支离，洞然明白。保福真个是智慧种性，浑然天成。古人道：参活句，不参死句。执于言诠，则成死句；不为言蔽，则成活句。活句死句，细细参来。一句如来语，可参。一句聋人怎得闻，可参。一句吃茶去，可参。参句之法，在无字之处，在言尽意远之处，在所答非问之处。此时，思维与思维之间出现缝隙，这个缝隙，便放大光明。将死句参活，便能电光火石，机锋相激。五祖曾云："如马前相扑相似，须是眼辨手亲。"如此则电转星飞，快如闪雷。机锋之后，那个呆滞者是谁？或许有人问，禅机莫非使智弄巧，思维敏捷者得之？此语非是，思维敏捷者，也无非是磨盘打转，无非是嗡嗡蜜蜂，苦其一生，未知其甘。而禅机是向上一路，去头砍脑，当下无复疑情无复多虑，烦恼情绪扫除一空。非念不起，而是念起即过，全无滞留。此是心如明镜，照用而已。若说如来不二法，说多即成死句，全然麻木，如同嚼蜡。忽然哪天碰着磕着，明了全体，即获大用。此时便知：所谓吃茶去，乃是真滋味。

有一种语言，千年不易　　满山新绿带着消息

溃败找到哲学的理由　　一键就删除所有的记忆

火星与土星马上合相　　起风了，三月已经挺过

山河大地都在吃茶　　积习嘟哝着，芝麻开门

激流中照见自己的影子　　我掸尽风沙与汝相见

诗人太入世对世道非好　　不如向天打个寂寞

举赵州示众三转语。

赵州转语

赵州如何示众？乃有三转语，禅林皆知。故此这里省却。今人却不会，要问何是三转语，实为赵州接引众人，常常唠叨三句话。他示众云："金佛不度炉，木佛不度火，泥佛不度水，真佛内里坐。"

三转语实乃四句话。金佛木佛泥佛，皆落入外相，皆有变化生成，要想觅得真佛，还得是心向内求。实觅得无一个形相可得，而一切形相，了然如镜，便名真佛。

盖金佛若渡炉则镕解，木佛若渡火则烧毁，泥佛若渡水则浑身烂坏，此不是真佛，只是变化之道，有成住坏空之理。那个不生不灭、不垢不净、不增不减的真佛在哪里？真佛不在西天，不在别处，不在侥幸，真佛乃妙明真心，乃自性本然。有此真佛，内里端坐，不为水火所坏。一心不生处，即是真心。万法一如处，即是真如。

赵州见得多了，众人人心奔忙，内心纵逸散乱。欲成佛得道者有之，欲斩断烦恼者有之，欲对抗忧郁者有之，欲长生不老者有之，欲逃避世间者有之，凡此种种，皆成邪道。因为凡所有求，皆成虚妄。故此不求者反而不起心动念、心如止水，能获平静中深深密密意。然而，有一种不求是求别人知道自己不求，此亦成邪道，以不求包装求，以佛道包装外道，此是贼心不除。故王阳明有言"破心中贼难"。

真要修得一个不动心处，实非铁石心肠，枯木呆鹅，而是如月在天，此心自明。如水在渊，万物显影。有照有用，照用无穷。此是真佛内里坐，定力无边大。人若能定，便能凝心如镜。凝心成镜，便能照人照己，照妖照魔。各人彻彻显影，明察秋毫，此之谓用。故照用一如。照即是用，用即在照中。

再参三转语：泥佛若渡水，则烂却了也；金佛著渡炉中，则熔却了也；木佛若渡火，便烧却了也，有什么难会？知其变化是用，知其不变是照。泥佛虽烂，中有佛性。金佛虽熔，中有佛性；木佛虽烧，中有佛性。故真佛内里坐，是指佛性不灭。佛性不灭，故能生能灭。生灭之相，中有佛性。此是性、相二分之际，须知离相无性、离性无相，此是性、相一如之体。

雪窦有句"泥佛不渡水，神光照天地"。此处语及神光。神光即达摩传人，禅宗二祖。二祖初生时，神光烛室，亘于霄汉。又一夕神人现，谓二祖曰："何久于此，汝当得道时至，宜即南之。"二祖以神遇遂名神光。二祖闻达摩大师住少林，乃往彼晨夕参叩。达摩端坐面壁，莫闻诲励，神光自忖曰："昔人求道，敲骨出髓，刺血济饥，布发掩泥，投崖饲虎，古尚若此，我又何如？"

其年十二月九日夜大雪，二祖立于砌下，迟明积雪过膝，达摩悯之曰："汝立雪于此，当求何事？"二祖悲泪曰："惟愿慈开甘露门，广度群品。"达摩曰："诸佛妙道，旷劫精勤，难行能行，非忍而忍，岂以小德小智轻心慢心，欲冀真乘，无有是处。"二祖闻诲励，向道益切，潜取利刃，自断左臂，致于达摩前。

达摩知是法器，遂问曰："汝立雪断臂，当为何事？"二祖曰："某甲心未安，乞师安心。"摩曰："将心来，与汝安。"二祖曰：

"觅心了不可得。"达摩云:"与汝安心竟。"后达摩为易其名曰慧可。

这一段典故语及神光,遍及佛典语录。二祖求法于达摩,立雪断臂,为安心故。达摩一句"将心来,与汝安",二祖一句"觅心了不可得",达摩一句"与汝安心竟"。此三句也可称三转语。觅心了不可得,此心是心性、非心脏。故无形无相,形而上。吾心即是宇宙,宇宙即是吾心,此心是此心体。若无吾心,何见宇宙。若无宇宙,吾心何用。此心是吾心,亦是佛心。亦名真心,亦名真如。若能发明自家心性,即觅得自性,照见真如。

一时间山河大地、牛角微尘,于心中妙妙明明,无穷尽也。

燕子

燕子欢喜从何而来
他立雪断臂,只为心安

春宵一刻便是天长地久
五台山上彩云蒸饭

盛筵诱人,谁也不下桌
所以西方可以正确

穿堂风吹过飘摇的庙宇
日出时让执念终结

砖石土木都具灵性
肉体不负汝,委委佗佗

我推开妄想如推开苍山
金佛泥佛也是真佛

举《金刚经》云："若为人轻贱，是人先世罪业，应堕恶道。以今世人轻贱故，先世罪业，则为消灭。"

金刚消业

此为三世因果之论。要知前生事，今生受者是。今生轻贱，乃前生罪业。所以有此恶道。苏东坡曾有诗："中间一念失，遭此百年遣。"他自认为原本是仙人，中间修行时有个念头不慎，结果谪到人间，遭此百年之遣。

来世上走一趟，每个人免不了要思考，何故？何如？什么原因而来，怎样活着有价值。这也是哲学问题：我是谁，我从哪里来，要到哪里去。禅宗常参"本来面目"，"父母未生我之前我是谁""如何是佛法大意"，也正是要解决这样的哲学之思。

三世因果的观念，不能说不好。但是亦要破除这个观念。为何？因为三世因果观是承认时间作为一个轴线的，承认时间的"绵延"特征。如果一旦将时间作为一个维度，就容易坠入假象，即有一个起始，有一个终点，而这有违于"无始无终"的本来之意。

需知三世因果是方便法门，不是究竟。三世因果严格来讲，是世间法，不是出世间法。当我们说"过去心不可得，现在心不可得，未来心不可得"时，是世间法与出世间法的过渡阶段。因为言及"过去、现在、未来"是世间法，言及"不可得"是出世间法。既知"不可得"，则知"过去、现在、未来"亦是虚妄，如此方得究竟。

再看《金刚经》此语，乃因果之说。今生不顺，是前生业力所致。今生不顺，正好消掉前生业力。既知因果，坦然承受一切。甚至要付出更多。"当别人打你左脸时，把右脸也送过去。"这何尝不是一种消业。昔年一位大文豪在西伯利亚流放，管教罚他跑十公里，他一口气跑了二十公里。如此一来，便知无声的抗议。永远做得超出你的意料，让你自己都觉得没有意思。如此一来，惩罚便失效了，威权也不复存在。"苦修"也是一种自我惩罚，用一种自我惩罚消除过去世、今生世乃至未来世的所有业力。如此一来，便获大通透、大自在。用自己能找到的所有折磨来磨炼自家的心性，虽千万人吾往矣，舍我其谁？

三世因果说，最大的好处是让人臣服于现状。首先要臣服，其次才能改变。三世因果说针对现象世界、变化世界，故此是世间法。"因果说"与"感应说"同出而异名。感应是未知原因的因果。由于我们的认知有限，对于不知道原因的因果，统统称之为"感应"。比如以"蝴蝶效应"和"混沌理论"喻知。当我们的认知进步、发展，但知其感应中，亦有因果链条。既有因果，便有报应。故此称为因果报应。因果报应原无善恶，因人有价值观，亦有价值观的不同，对己有利，则为善，对己有害，则为恶。不同立场，彼之所善，正是此之所恶。

狭义之因果，因指内因。是种子必会发芽，此为种因，亦指内因。然而没有阳光雨露土壤温度，也无从发芽，此是外因，外在条件，外缘。故广义之因果，因包括内因外因。外因指缘。因此也称为"因缘果报"。内因外缘，才有果报。二者同等重要，因缘际会，果则熟之。苦练内因，静候外缘，循循精进者，外缘自受引力而来，此人生一大原则。

我们读《金刚经》，要将其读透，昭明太子功莫大焉。梁武帝时期，昭明为母亲念经之便，将金刚经分成三十二品。如此则段落清晰、事事历然。《金刚经》有其"经眼"，其经眼约略则如下几字：初阶者，以"念起心觉"忖之；进阶者，以"降伏其心"忖之；高阶者，以"应无所住而生其心"忖之。金刚能断，一切烦恼忧虑皆离你远去。金刚解空，视镜花水月如同儿戏。此正是金刚境界、菩提发心。说什么消业消罪？执着于消业消罪，便成痴念；想快点消业消罪，便成贪念；训他人消业消罪，便成嗔念。若因《金刚经》引发你之三毒，不是经之过，是己之错。故读经用经，如同踩钢丝。他人飘飘然到彼岸，你一头坠下恶道。消业消罪，此语本无罪，读偏则有罪。

也因此，我可以说"三世因果"是方便法、是世间法，你不能说。我怎么说都是对的，权作接人之语。你怎么说都是错的，盖因你的执心未除。

假如发现了词语的秘密
黄沙可以成为粟米

此世的苦难要前世负责
我们是否还期待来世

假
如

丛林太黑，老子到处说
吾民需要有效救赎

恶犬满天飞，不作不死
哪儿还存在多洁者

但求人人心里有一句诗
识得唐朝，识得宋朝

道统已死于贫血和愚行

我在苍山下破心中贼

原典　举天平和尚行脚时参西院，常云："莫道会佛法，觅个举话人也无。"一日西院遥见召云："从漪。"平举头。西院云："错。"平行三两步。西院又云："错。"平近前。西院云："适来这两错，是西院错，是上座错？"平云："从漪错。"西院云："错。"平休去。西院云："且在这里过夏，待共上座商量这两错。"平当时便行，后住院谓众云："我当初行脚时，被业风吹到思明长老处，连下两错，更留我过夏，待共我商量。我不道恁么时错，我发足向南方去时，早知道错了也。"

天平两错

先说天平和尚之来历。天平即天平山从漪和尚，时为上座。天平山位于相州（今河北临漳）。天平和尚为襄州清溪洪进禅师之法嗣。

再说天平开悟之经历。一日，从漪等人随洪进禅师经行，洪进忽讲："古人有甚么言句，大家商量。"从漪即走出，未及开口，洪进斥道："这没毛驴！"从漪一听，言下省悟。

再有天平与思明此则公案相会。从漪悟道后，行脚四方。一日，参访汝州西院思明禅师。

且说从漪上座来到思明禅师法席下，住了十多天。经常自语曰："莫道会佛法人，觅个举话底人也无。"这里没有会佛法的人，找个参话头的人也没有。

一日上堂，思明遥见从漪，便行召唤。从漪抬头，思明道："错。"从漪向前走了数步。思明又道："错。"待从漪走近，思明便问："适来两错，是上座错，是思明错？"刚才所言两错，是我错，还是你错？从漪只得答曰："是从漪错。"思明又道："错！"从漪要去，思明挽留："上座且在这里过夏，共汝商量这两错。"然而从漪认为自己所答无错，当即离去。

待到从漪上座住相州天平山接众，常与弟子述起此段："我行脚时，被业风吹到汝州，有西院长老勘我，连下两错，更留我过夏，待共我商量。我不道怎么时错，我发足向南方去时，早知错了也。"

这西院长老即西院思明，为宝寿延沼禅师法嗣，宝寿延沼则为临济义玄法嗣。思明对从漪，有点化之恩。从漪一悟，始于洪进。从漪再悟，则遇思明。思明轻唤从漪，从漪应声抬头，思明便道错也。这一错，是要参"谁是从漪"。从漪出列，走了数步，思明又道错。这一错，是要参"当下翻转"。这两处禅机，天平从漪勘勘错过，阿弥陀佛。四处觅真人，觅得真人而不知窍，岂不是错过。尚有第三处禅机，思明言"是上座错，是思明错"。这又是个发悟当口，若非此即彼，非你错即我错，便落思维陷阱，便陷思明手眼。然而从漪依然是个未觉的汉，不知己过，不认己错。浑然不觉，尚未彻悟。遂拔脚便走。

及至从漪向南游历，后才有醒。方知思明有点化之恩。只是当时已惘然。此公案即"思明四错"。错、错、你错我错？以错锥心，降伏从漪之慢心。从漪此后，殊称适意。

来看相州天平山从漪禅师之禅法演练，真个是月明风霁，自在无碍。僧问："如何得出三界？"师曰："将三界来与汝出。"问："如何是和尚家风？"师曰："显露地。"问："如何是佛？"师曰："不指天地。"曰："为甚么不指天地？"师曰："唯我独尊。"问："如何是天平（山）？"师曰："八凹九凸。"问："洞深杳杳清溪水，饮者如何不升坠？"师曰："更梦见甚么？"问："大众云集，合谈何事？"师曰："香烟起处森罗见。"

这正是：自从四错五思后，八凹九凸显露地；香烟起处万物现，便是三界出入时。

诸夏

诸夏原是道无解的死题
石头醒来时，鹤已行千里

时代轻薄，开口刀子便落
王朝自有王朝的逻辑

他收拾清风去了南方
我们在此扯着一万个闲蛋

沉默为罪恶投上一票
谁会管得别人瓦上的霜粒

小喇叭誓要展开宏大叙事
万卷书无法勘破这光景

一头猪飞起我百思难得解
不听不听，王八念经

原典　举肃宗帝问忠国师："如何是十身调御？"国师云："檀越踏毗卢顶上行。"帝云："寡人不会。"国师云："莫认自己清净法身。"

099

慧忠调御

这里要弄清几个名词。十身调御，即指佛身。佛转化十种百种身形，以种种方便，普度众生。毗卢即毗卢舍那之意，也是法身佛的通称。清净法身亦指佛身、佛之法身。因此，肃宗所问，实乃如何成佛的问题，如何能将自己的色身转化为佛的法身。

再看二人之背景。忠国师即慧忠国师，生年不详，化于776年。是六祖慧能的弟子。历经唐玄宗、肃宗、代宗三朝，皆被拜为国师。在京城传法十五年，有南禅北传之功。

肃宗即唐肃宗，名李亨。其生卒为711-762年。唐玄宗李隆基的第三子，平安史之乱时登基。

唐之皇室，优待佛教，以为国教。佛教高僧，即成国师。政治层级愈高，愈对玄学抱有兴趣。因其风险巨大，收益亦巨大，荣辱福祸，生死旦夕，实非人力可及，故不得不仰仗玄学，以求释然。

肃宗此问，当是对"十身调御"有所心得。我佛济世，亦同治世。治世之良，即是济世。治世之恶，则成祸世。故若能十身调御，化用无穷，自是天下平安，百姓颂福。如何是十身调御？此既是安自心之问，亦是安天下之问。

莫说肃宗不知十身调御何意，一身调御，自能化为十身，十身调御，自能化为千百身。法身之外，更有化身。此之为身外身。法身是真，化身是幻。以真御幻，是为十身调御。真幻一如，幻不离真。幻身十方，则可为天子乎？此是肃宗绝大抱负。故胆小慎微，防微杜渐，终在安史之乱中，以太子之身，移得政权，成为帝王之身。

慧忠国师亦答得好：且向毗卢顶上行。其示意向上一路，超然直上即得。此是指月行径，抬高维度。亦曾有僧问投子大同禅师，如何是十身调御。投子不语，下禅床而立。二人分明一路，亦言亦行，皆示"高高山顶立"之相。

肃宗见国师言向法身顶上行，于是恍惚。遂再请教。国师说：莫认自己清净法身。国师知肃宗之病，在于求法心切，难免识假做真，难免非分之想，亦难免自认得法。故国师言，莫将自己当作了清净法身。莫以为自己示现的是佛相。虽说即心是佛，但切莫将自己这个色身当作佛身。

这则公案，未逞机锋。因二人不是旗鼓相当的对手。师徒之间，又有些许微妙。国师与君主，也并不能超脱大内束缚、世间秩序。这也是慧忠为人诟病之处，无论如何，他与权力中心走得太近了。

雪窦仍为之颂云："一国之师亦强名，南阳独许振嘉声。大唐扶得真天子，曾踏毗卢顶上行。铁锤击碎黄金骨，天地之间更何物。三千刹海夜沉沉，不知谁入苍龙窟。"

铁锤击碎黄金骨，莫认自己清净法身。凡所有认，皆是虚妄之相。故清净法身不可描述，不可追慕，不可实指。可不得将己身击碎，个中透出无的消息，方才是个明白在。三千刹海，始有入得苍龙窟。自此苍龙成形，变化无穷。

认识自己，满树樱花风雨
五蕴六识值得信任

认识传统，长空云卷云舒
千年鸟道不见一人

人群里孤单，山水前自信
我得承担我的宿命

早晨醒来扫门前雪
他带来了豹子和一种古意

生活正变成集中营
蝴蝶冥想梦与翅膀的关系

三千刹海呵呵，只为有我
一朝瓦散万古灰灭

举僧问巴陵："如何是吹毛剑？"陵云："珊瑚枝枝撑着月。"

100

巴陵吹毛

碧岩碧岩，水出如碧，山耸似岩。碧岩原为山僧方丈室，经百则公案颂揭，一变为公案之代名词。碧岩录亦成宗门第一书。僧学不知碧岩，如同未涉宗风门径。

此碧岩最后一则，短短一句作结。僧问巴陵和尚，怎样是吹毛宝剑？此意是指，如何是金刚能断之佛性。巴陵也答得好：珊瑚枝枝撑着月。

珊瑚枝枝，与月无涉。远远看去，月在珊瑚之上，如同珊瑚拱月。此是佛性。意近旨远，勾玄纳虚。凡所有相，皆为缘起。如同珊瑚枝枝撑着月。如获实相，即知月是月，珊瑚是珊瑚，珊瑚撑月，实乃虚拟。如认珊瑚撑月，即在幻象之中。如知珊瑚之近，月之远，即打破此一幻象。洞然明白。

然而珊瑚与月，真的全无瓜葛吗？此又是一层境界。珊瑚之性，与月之性，毫无二致。故珊瑚撑月，万象一体。此又是巴陵和尚妙明真心，义理骇然。珊瑚虽是珊瑚，月虽是月，但珊瑚撑月，才是实相。如同拼图，拼得完整。此是偶得，亦是妙手。

故巴陵和尚一句中含三句。是实相非实相名实相。是佛性非佛性名佛性。是幻影非幻影名幻影。超越名诠，反观言念，能获吹毛宝剑之旨。巴陵此举，正是云门弟子宗风：一句中，自然具三句，函盖乾坤句，截断众流句，随波逐浪句，答得也不妨奇特。

巴陵所举，实乃抽诗一句。原诗为："厚似铁围山上铁，薄似双成仙体缬。蜀机凤雏动蹴蹬，珊瑚枝枝撑着月。王凯家中藏难掘，颜回饥汉愁天雪。古桧笔直雷不折，雪衣石女蟠桃缺。佩入龙宫步迟迟，绣帘银箪何参差。即不知驱龙失珠知不知。"（此为贯休《还举人歌行卷》）

巴陵于句中，取一句答吹毛剑。吹毛剑乃是快剑刃上吹毛试之，其毛自断，乃利剑，谓之吹毛也。巴陵此答，也是吹毛能断，其机锋之利，可见一瞥。

古人道："心月孤圆，光吞万象。光非照境，境亦非存。光境俱忘，复是何物？"于此地心茫茫然，则是中人境地。于此地内心踊跃，则有上人之资。或又有一人，以思维运作，获得答案，则只堪为下人矣。

故知巴陵之剑，喻指般若之用。照破万象，截断乾坤。巴陵所答，盖谓涤尽无明妄念，正是心性炳然之时。犹如珊瑚枝，一一撑映，天边月影。光境俱亡俱存，双照双收，此运用自如之境。一剑挥去，现象俱灭。即须看取，人人具足、个个圆成之般若自性。

巴陵即巴陵颢鉴禅师，五代宋初之僧。籍贯、生卒年均不详。为云门文偃之法嗣，居于岳州巴陵（湖南岳阳）新开寺，故称巴陵颢鉴。善辩，有'鉴多口'之称。

碧岩录以此为终章，亦是对云门谪传之称许。公案不参不行，多参无益，碧岩百则，可谓正好。故知当年一段劫火，要毁尽碧岩书版，此是圆悟克勤大弟子宗杲之举："由是火之，以救斯弊"。宗杲使得，他人使不得。因宗杲之见地，有其自洽之处。故其坚决放火烧书，以匡其师之正。

然而，碧岩录终于还是有版本流传下来。元代三教老人是真通人。他言此书成毁皆是。其说"不在文字，不离文字者，真知言"。故我种种之谓，皆与此语合。我犹言"不立文字，不离文字"，乃千古隐情。今为之说出，不立不离之一段际遇，于此者心法尽忖。

一卷

一卷诗既成，清明雨纷纷
亡灵葛藤不转，追问合法性

词语起干戈，机锋推动行星
旧式的抒情恐将就此终结

雌剑悲鸣，夜夜呼唤雄剑
天空遂飞来一块烧红的生铁

你如懂得，珊瑚枝枝撑着月
你如不懂就放过这些句子

我只关心手指的质地和姿态
只为使诗歌重新高蹈起来

撒土撒沙，白云原有大忧患
嘻，即禅离禅，写诗好玩

附 录

人物索引

菩提达磨（摩）南北朝

——禅宗初祖，译曰道法。南天竺之刹帝利种也。父王曰香至。磨为其第三子。本名菩提多罗。后遇二十七祖般若多罗，嗣法。改多罗曰达磨。梁普通元年泛海至广州。帝迎之到建业。问曰：朕即位以来，造寺写经有何功德？磨曰：无功德。帝曰：云何真功德？磨曰：净智妙圆，体自空寂，如是功德不可以世求。帝：如何是圣谛第一义？磨曰：廓然无圣。帝曰：对朕者谁？磨曰：不识。帝不悟。遂渡江之魏。乃后魏孝明正元元年也。止嵩山少林寺，终日壁观。号壁观婆罗门。孝明帝闻之，三召不起。后得慧可，付法并衣。付法偈曰："吾本来兹土，传法救迷情。一花开五叶，结果自然成。"又曰：此有楞伽经四卷，为如来极谈法要，今并付汝。梁大通二年寂，其年葬熊耳山，梁武帝制碑赞德，唐代宗谥曰圆觉大师。（见《碧岩录》第1则公案）

宝志和尚　南朝梁

——六朝时高僧。金城人，俗性朱。师事僧俭，修禅业。往来都邑已五六十年。宋齐之交。稍显灵迹。齐武帝忿其惑众，收付狱。旦日咸见游市里。既而检校。犹在狱中。武帝乃迎入华林园。梁天监中无疾而终。世称宝公。亦作志公。（见《碧岩录》第1则公案）

僧璨　北齐

——禅宗东土六祖之第三。得法于慧可禅师，隐于舒州皖公山。后遇周武破灭佛法，往来太湖县司空山。隋开皇十二年得沙弥道信付法。炀帝大业二年寂。唐玄宗谥为鉴智禅师。（见《碧岩录》第2则公案）

赵州从谂　唐

——赵州观音院从谂，南泉普愿之法嗣也。唐曹州人，姓郝氏，童稚于本州扈通院披剃，未受戒，便抵池阳参南泉，值南泉偃息。泉问曰：近离什么处？师曰：近离瑞像院。曰：还见瑞像否？师曰：不见瑞像，祇见卧如来。曰：汝是有主沙弥无主沙弥？师曰：有主沙弥。曰：主在什么处？师曰：仲冬严寒，伏惟和尚尊体万福。南泉器之，而许入室。异日问南泉如何是道？南泉曰：平常心是道。师曰：还可趣向否？南泉曰：拟向即乖。师曰：不拟时如何知是道？南泉曰：道不属知不知。知是妄觉，不知是无记。若是真达不疑之道，犹如太虚廓然虚豁，岂可强为是非耶？师言下悟理。乃往嵩岳琉璃坛受戒。仍返南泉，留久之。众请住赵州观音院，一曰东院，道化大扬。昭宗干宁四年十一月二日寂，寿一百二十，勒谥真际大师。（见《碧岩录》第2、9、30、41、45、52、57、58、59、64、80、96则公案）

马祖道一　唐

——唐江西道一禅师，为南岳怀让之法嗣，姓马氏，时称马祖。元和中谥大寂。传灯录六曰："六祖慧能和尚谓让曰：向后佛法从汝边出，马驹蹈杀天下人。厥后江西法嗣布于天下，时号马祖焉。"（见《碧岩录》第3、53、73则公案）

德山宣鉴　唐

——唐朗州德山院释宣鉴，姓周氏，剑南人。幼出家，深明经律，最达金刚经，时称为周金刚。不信南方禅宗之道，山欲破碎之。负金刚经疏钞到沣州。见一婆子卖油糍，欲买之作点心。婆指其担云：这个是甚么？师云：金刚经疏钞。婆云：我有一问，若道得，我当供上座油糍。若道不得，别处买去。师云：但问。婆云：经中道过去心不可得，未来心不可得，现在心不可得，上座欲点那个心？师无语。婆遂指使去参龙潭。直之沣州龙潭寺至法堂曰：久闻龙潭，到来潭又不见，龙又不现。龙潭和尚引身屏风后云：子亲到龙潭矣。师无语。一夕侍立久。潭云：更深何不下去？师便出。却回云：外面黑。潭点纸烛度与之。师拟取。潭即吹灭之。师当下大悟礼拜。翌日悉焚经疏。辞抵沩山，复还住沣阳三十年，遭武宗废教隐独浮山石室。宣宗大中初，武陵刺史薛延望坚请居德山。其道风峻崚，棒杀天下衲子。咸通六年寂，寿八十四。（见《碧岩录》第4则公案）

沩山灵祐　唐

——唐潭州沩山禅师，名灵祐，福州长谿人。年十五出家。在杭州龙兴寺究大小乘教。年二十三，游江西，参百丈怀海禅师，究明心法。往沩山构梵宇。值武宗毁释，裹头隐于民。大中初，裴休请师还沩山。连帅李景让奏额曰同庆寺。禅会殊盛。敷扬宗教四十余年。大中七年寂，寿八十三。敕谥大圆禅师。（见《碧岩录》第 4、24、70 则公案）

雪峰义存　唐

——福州雪峰禅师，名义存，得法于德山。唐懿宗咸通年中上福州雪峰山创禅院，法席常有千五百人众，五代梁太祖开平三年寂，寿八十七。（见《碧岩录》第 5、22、49、51、66 则公案）

长庆慧稜　唐

——福州长庆慧稜禅师，雪峰义存禅师之法嗣，俗姓孙，杭州盐官人。师禀性淳澹，十三岁于苏州通玄寺出家受戒。随后游历诸方，遍参禅苑。

慧稜禅师出世住山之前，一直呆在雪峰禅师身边，足不出山，将近三十年。天祐三年（906），慧稜禅师应泉州刺史王廷彬之邀请，住招庆寺接众。后又应闽帅之请，住长乐府之西院长庆寺，赐号超觉大师。（见《碧岩录》第 8、22、23、74、76、93、95 则公案）

睦州道明　唐

——黄檗希运禅师之法嗣也。姓陈氏。居睦州龙兴寺以晦迹，常制草覆，密卖道上，岁久，人知之，有陈蒲鞋之号。时学人来叩问，则随问随答，词语不可当。由是四方归慕，号为陈尊宿。（见《碧岩录》第 10 则公案）

黄檗希运　唐

——唐断际禅师希运，幼于福州黄檗山出家，后参江西百丈山海禅师而得道。后居洪州大安寺，海众奔辏。相国裴休镇宛陵，建大禅苑，请师说法，师酷爱旧山，因以黄檗名之。后称师云黄檗。（见《碧岩录》第 11 则公案）

洞山良价　唐

——筠州洞山悟本大师，名良价，姓俞氏，幼从五泄山默禅师出家，后遍参诸师得法于云岩昙晟。唐大中年中唱道于新丰，晚年移洞山，立偏正五位，法威大扬。咸通十三年端坐长逝，寿六十三。谥悟本大师。（见《碧岩录》第12、43则公案）

慧忠禅师　唐

——受六祖之心印，居南阳之白崖山党子谷，四十余年不下山。肃宗闻其道行，上元二年，勅中使孙朝进召赴京，待以师礼，使居千福寺之西禅院。帝屡问道，颇领会。代宗大历十年十二月寂，谥大证禅师。（见《碧岩录》第18则公案）

俱胝和尚　唐

——唐婺州金华山俱胝和尚，住金华山寺时，常诵俱胝佛母陀罗尼，故人呼之曰俱胝和尚。（见《碧岩录》第19则公案）

龙牙居遁　唐

——湖南龙牙山居遁禅师，初参翠微并临济，后嗣洞山。（见《碧岩录》第20则公案）

临济义玄　唐

——唐镇州临济义玄，曹州南华人，姓荆氏，嗣黄檗。临济宗之祖也。（见《碧岩录》第20、32则公案）

翠微无学　唐

——生卒年、俗姓、籍贯等资料均不详，唐代禅僧，丹霞天然禅师法嗣。（见《碧岩录》第20则公案）

法眼文益　唐末五代

——唐末五代高僧，俗姓鲁，浙江余杭人。号无相，法眼宗创始人。著有《宗门十规论》等。（见《碧岩录》第7则公案）

保福从展　唐末五代

——漳州保福院从展禅师，福州陈氏子。年十五，礼雪峰为受业师，游吴楚间，后归执侍。（见《碧岩

镜清道怤　五代

——师讳道怤，永嘉陈氏子，生不茹荤，剃发受具，问道于闽川，雪峰一见而问曰：汝甚处人，曰：不敢道是温州人，峰曰：怎么则一宿觉乡人邪，曰：只如一宿觉是甚处人，峰曰：尿床鬼子，好与一顿棒，且放过，师证道之后，众所钦服，皆谓小怤布衲，寻被越人之命，居镜清禅苑，副使皮光业尝师问焉，光业即日休之子也。吴越国王钱氏致礼甚勤，赐号顺德大师，晋天福二年示灭，茶毗于大慈山，得骨舍利，建塔于龙母之阳，镜清本朝赐额曰景德者是矣。（见《碧岩录》第 16、23、46 则公案）

香林澄远　五代

——五代、北宋间禅宗云门宗僧人。云门文偃弟子。据《景德传灯录》卷二三、《建中靖国续灯录》卷二、《五灯会元》卷一五等载，俗姓上官。汉州绵竹（今属四川）人。幼年出家，受具足戒后出蜀游方。参云门文偃，得受心印，嗣其法。出住四川导江迎祥寺，后移住益州青城山香林院，传弘云门禅法，前后四十余年。世称"香林澄远"。接引学人方式类似于文偃。弟子有智门光祚、灌州罗汉等多人。（见《碧岩录》第 17 则公案）

云门文偃　五代

——韶州云门山文偃禅师，姑苏嘉兴人，姓张氏，嗣雪峰。南汉主晟归依之，赐匡真禅师之号。干和七年己酉岁示寂。宋太祖乾德四年，赐谥大慈云匡真弘明禅师。（见《碧岩录》第 6、8、14、15、27、34、39、47、50、54、60、62、77、83、86、87、88 则公案）

策真禅师　五代

——五代禅僧。俗姓魏。曹州（治今山东定陶西）人。初名慧超，谒清凉文益禅师，问："慧超咨和尚，如何是佛？"文益曰："汝是慧超。"策真从此悟入，遂嗣其法，为法眼宗传人。住庐山归宗寺。有僧问："如何是归宗境？"答曰："是汝见什么？"又问："如何是境中人？"答曰："出去。"后迁奉先、报恩等寺。

署号"法施禅师"。(见《碧岩录》第7则公案)

巴陵颢鉴 五代宋初

——岳州巴陵之颢鉴,云门之法嗣也。(见《碧岩录》第13、100则公案)

翠岩可真 宋

——宋代临济宗僧。福州(福建)长溪人。世称真点胸。为石霜楚圆之法嗣。曾住隆兴府(江西)翠岩山,故又称翠岩可真。后迁潭州(湖南长沙)道吾山。以其辩才无碍,名闻遐迩。治平元年示寂。遗有翠岩真禅师语要一卷,收于续古尊宿语要。(见《碧岩录》第8则公案)

智门光祚 宋

——北宋禅宗云门宗僧人。浙江人。出家后参益州(今四川成都)青城山香林院澄远禅师,得印可,嗣其法。出住随州(今湖北随县)智门寺,弘扬云门宗风。世称"智门光祚"。门风峻险,机锋犀利。

法嗣有雪窦重显、延庆子荣、南华宝缘等三十人。有《智门光祚禅师语录》一卷传世。(见《碧岩录》第21、90则公案)

玄沙师备 唐末五代

——唐福州玄沙山宗一禅师,名师备。少年为渔者,年三十,忽慕出家,投芙蓉训禅师,剃发受具。寻就雪峰之存禅师契悟玄旨,初住普应院,后迁玄沙。闽主以师礼待之,学徒八百余。梁太祖开平二年寂,寿七十五。(见《碧岩录》第22、88则公案)。

百丈怀海 唐

——唐洪州百丈山之大智禅师怀海,马道一禅师之法嗣也。师始创禅门之规式,所谓百丈清规是也。(见《碧岩录》第26、28、53、70、71、72则公案)。

南泉普愿 唐

——唐池州南泉山普愿禅师,马祖之法嗣也。初习律,于教观究精要,后入马祖之门,顿忘筌蹄,心地悟明。德宗贞元十一年留锡池州不下南泉者三十余年。文宗太和初，宣城陆亘，请师下山，伸弟子礼，令说法要。太和八年十一月寂，寿八十七。见传灯录八。（见《碧岩录》第28、31、40、63、64、69则公案）

大随法真　唐末五代

——益州大随法真禅师，梓州王氏子。妙龄夙悟，决志寻师，于慧义寺出家。圆具后南游，初见药山、道吾、云岩、洞山，次至岭外大沩会下，数载食不至充，卧不求暖，清苦炼行，操履不群，沩深器之。一日问曰："阇黎在老僧此间，不曾问一转话？"师曰："教某甲向甚么处下口？"沩曰："何不道如何是佛？"师便作手势掩沩口。沩叹曰："子真得其髓。"从此名传四海。尔后还蜀，寄锡天彭堋口山龙怀寺，于路旁煎茶普施三年。因往后山，见一古院号大随，群峰蠢秀，涧水清泠。中有一树，围四丈余。南开一门，中空无碍，不假斤斧，自然一庵。时目为木禅庵，师乃居之十余载。影不出山，声闻于外。（见《碧岩录》第29则公案）

麻谷宝彻　唐

——唐代麻谷宝彻禅师，马祖道一禅师的法嗣，后住持蒲州麻谷山。（见《碧岩录》第31、69则公案）

章敬怀晖　唐

——京兆府章敬寺怀晖禅师，泉州人，俗姓谢。怀晖禅师于唐朝元和十三年圆寂，谥号大觉禅师。（见《碧岩录》第31则公案）

资福如宝　五代

——五代禅僧。至袁州（治今江西宜春）仰山西塔师事光穆禅师，嗣其法，为沩仰宗传人。居吉州（治今江西吉安）资福寺。一日拿起蒲团，示众曰："诸佛菩萨，入理圣人，皆从这里出。"又掷下攀胸开曰："作么生？"众无对。有僧问："如何是和尚家风？"答曰："饭后三碗茶。"一日将蒲团放在头上曰："汝诸人怎么时难共语？"众无对，如宝坐，却曰："犹较些子。"从以上机缘语句，可窥见其接化学人的家风与机略。（见《碧岩录》第33则公案）

仰山慧寂　唐

——禅师慧寂，居江西大仰山，号仰山。师十四出家，初谒忠国师之侍者耽源，传国师之圆相，后参沩山而悟玄旨。（见《碧岩录》第34、68则公案）

无著文喜　唐

——唐杭州无著禅师，名文喜，年七岁出家，习律听教，宣宗初，往五台礼文殊。遇一老翁牵牛而行，迎师入寺。翁纵牛引师升堂，翁曰：近由何处来？师曰：南方。翁曰：南方佛法如何住持？师曰：末法比丘奉戒律者不少。翁曰：有几何？师曰：或三百，或五百。师却问：此间佛法如何住持？翁曰：龙蛇混杂，凡圣同居。师曰：有几何？翁曰：前三三后三三。翁呼童子均提出茶，又进酥酪。翁拈起玻璃盏问曰：南方还有这个否？师曰：无。翁曰：寻常得甚么喫茶？师无对。辞别。翁令童子相送。师问童子前三三后三三是几许。童子呼大德，师应诺。童曰：是几许？师曰：是为何处？童曰：此金刚窟般若寺。师憬然悟彼翁是文

殊。懿宗咸通三年，师至洪州观音院，参仰山寂禅师，顿悟心要。光化三年寂，寿八十。（见《碧岩录》第35则公案）

长沙景岑　唐

——长沙景岑和尚，长沙人，俗姓欠明。幼年出家，为南泉弟子。住洞庭湖长沙山，大开化门，机锋敏捷，同道敬为虎和尚。（见《碧岩录》第36则公案）

盘山宝积　唐

——唐代僧。马祖道一之法嗣，居于幽州（河北）盘山，宣扬宗风，故世称盘山宝积。（见《碧岩录》第37则公案）

风穴延沼　五代

——汝州（今河南临汝）风穴延沼禅师，南院慧颙禅师之法嗣，俗姓刘，余杭人。（见《碧岩录》第38、61则公案）

投子大同　唐

——师名大同，舒州怀宁人也。姓刘氏，少从西洛满禅师出家为沙门，习安那般那，后谒京兆终南山无学禅师，问西来密旨，无学驻步少时，师曰：乞师垂示，学曰：更要第二杓恶水作么，师由是领旨，晚归里闬，结茅于投子山，学者如辐凑，师谓众曰：汝等来者里觅个甚么，我老人家气力稍劣，唇口迟钝，且无攒花四六新鲜语句，终不说向上向下蹲坐系缚汝等，师示众凡此类也。唐昭宗干宁四年示寂，寿九十六，谥慈济大师。（见《碧岩录》第41、79、80、91 则公案）

药山惟俨　唐

——唐禅师惟俨，嗣石头希迁禅师，住沣洲之药山。海众云合。文宗太和二年入寂，寿八十四。（见《碧岩录》第42、81 则公案）

岩头全豁　唐

——唐鄂州岩头全豁禅师，参德山而契旨。住于岩头。值武宗汰教，隐身为渡子，后庵于洞之卧龙山，徒众辐凑。光启三年入寂，敕谥清岩禅师。（见《碧岩录》第51、66 则公案）

道吾圆智　唐

——也称道吾禅师，俗姓张，豫章（今南昌一带）海昏人，唐代禅僧，药山惟俨禅师法嗣。（见《碧岩录》第55、89 则公案）

钦山文邃　唐

——澧州钦山文邃禅师，洞山良价禅师之法嗣，福州人也。少依杭州大慈山寰中禅师受业。时岩头雪峰在众，睹师吐论。知是法器，相率游方。二士缘契德山，各承印记。（见《碧岩录》第56 则公案）

归宗智常　唐

——江陵人，俗姓陈。六祖慧能三世法嗣。出家后，得法于马祖道一禅师，元和年间住庐山归宗寺。他目有重瞳，曾用药去除，致双目皆赤，故人称赤眼归宗。圆寂后唐文宗谥号至真禅师。（见《碧岩录》第69 则公案）

云岩昙晟　唐

——俗姓王，建昌县人。少时于靖安县石门山泐潭寺出家，初从奉新百丈怀海学佛，侍奉20年，后转从希迁弟子药山惟俨，言下顿悟，始得心印，承嗣青原下三世。长期住持修水县云岩禅院，法号昙晟禅师，也有人称云岩禅师。（见《碧岩录》第70、72、89则公案）

五峰常观　唐

——净觉寺开山祖师，五峰常观与黄檗希运、沩山灵佑并称百丈怀海三大弟子。（见《碧岩录》第70、71则公案）

大光居诲　唐

——潭州大光山居诲禅师。京兆人也。姓王氏。初造于石霜之室。函丈请益经二载。又令主北塔。麻衣草屦殆忘身意。一日石霜将试其所得。垂问曰："国家每年放举人及第。朝门还得拜也无。"师曰："有人不求进。"曰："凭何。"师曰："且不为名。"石霜又因疾问："除却今日，别更有时也无。"师曰：

"渠亦不道今日是。"石霜甚然之。如是酬问，往复无滞。盘桓二十余祀，众请出世。（见《碧岩录》第93则公案）

金牛和尚　唐

——唐代著名禅师马祖道一之法嗣，唐玄宗开元年间入恒州（今正定）慈觉寺（俗称金牛寺）。（见《碧岩录》第74则公案）

丹霞天然　唐

——邓州丹霞山之天然禅师，嗣石头。初至江西，见马祖时，以两手拓幞头脚。马祖视之曰：南岳之石头是汝师也。遂抵石头，还以前意投之。石头曰：著槽厂去。师礼谢入行者房。随次执爨役。凡三年。忽一日石头告众曰：来日欲割佛殿前草。及期。大众童行各构锹鑺割草。霞独以盆水洗头，而跪于石头前。石头笑而为之剃落说戒。霞遂掩耳趋去。再谒马祖，入僧堂，坐于圣僧之颈。马祖曰：我子天然也，即拜马祖，谢师之赐法号。因名天然。长庆四年寂，寿八十六。敕谥智神禅师。见传

灯录十四。又，邓州丹霞山子淳禅师。青原下十二世之祖。芙蓉道楷禅师之法嗣。（见《碧岩录》第76则公案）

禾山无殷　五代

——吉州禾山无殷禅师，七岁从雪峰出家，受具后，谒九峰虔禅师，嗣法。后住禾山，学法济济。宋太祖建隆元年寂。谥曰法性。（见《碧岩录》第44则公案）

西院思明　五代

——汝州西院思明禅师，宝寿沼禅师之法嗣。有人问：如何是伽蓝？师曰：荆棘丛林。问：如何是伽蓝中人？师曰：獦儿貉子。问：如何是临济一喝？师曰：千钧之弩不为鼷鼠而发机。曰：和尚慈悲何在？师打之。（见《碧岩录》第98则公案）

石霜楚圆　宋

——六祖慧能门下临济义玄（是临济宗之祖），六世孙为石霜。石霜下开杨岐黄龙二派。师名楚圆，字慈明，往潭州石霜山，初为儒生。二十岁出家，嗣法于洛阳昭。宋仁宗康定元年寂，寿五十四。塔全身于石霜山。（见《碧岩录》第55则公案）

雪窦重显　宋

——明州雪窦山禅师，名重显，字隐之，从所住号为雪窦。嗣法于智门祚。宋仁宗皇祐四年寂，寿七十三。赐号明觉大师。（见《碧岩录》第74、91则公案）

智洪弘济　宋

——宋代禅僧，鼎州大龙山智洪弘济大师。（见《碧岩录》第82则公案）

天平从漪　宋

——宋普济相州天平山从漪禅师，襄州清溪洪进禅师之法嗣。（见《碧岩录》第98则公案）

以上由冬十三参考丁福保《佛学大辞典》等资料释录

后✿记

赵野—赠胡赳赳 2022年10月

一

一阳初动，万物未生时
世界惊愕自己本来的样子

过去等着我，未来早消逝
祖师的额顶挂满了刀子

言语尽头，猖狂不碍菩提
此心还要搞出多大动静

龙溪最终奔流到一万里外
没有道理对我的梦负责

二

无论群鸟怎样扑向山崖
终未等来秋风更大的慈悲

诸法都有其特定的时空
我把余下的日子交还黑夜

深情真正生发在色空之际
不如归家，看六朝流水

有些声音已让石头怀胎
矗立苍山和我的传统相遇

图书在版编目（CIP）数据

碧岩录今释 / 胡起起著. — 北京：团结出版社，
2023.10

ISBN 978-7-5234-0285-6

Ⅰ.①碧… Ⅱ.①胡… Ⅲ.①禅宗－研究 Ⅳ.
①B946.5

中国国家版本馆CIP数据核字(2023)第133084号

出版：团结出版社

（北京市东城区东皇城根南街84号 邮编：100006）

电话：(010) 65228880 65244790 （传真）

网址：www.tjpress.com

Email：zb65244790@vip.163.com

经销：全国新华书店

印刷：北京印匠彩色印刷有限公司

开本：130×210 1/32

印张：14.25

字数：270千字

版次：2023年10月 第1版

印次：2024年5月 第2次印刷

书号：978-7-5234-0285-6

定价：108.00元